VITAMINA A$_2$

CURSO DE ESPAÑOL

VITAMINA A$_2$

Aída Rodríguez **Elvira A. Viz** **Sara Almuíña**

CONTENIDOS

Índice de actividades de preparación al DELE		5
Unidad 1	CONOCER Y CONOCERSE	6
Unidad 2	MI LUGAR EN EL MUNDO	12
Unidad 3	LA VIDA SECRETA DE LOS OBJETOS	20
Unidad 4	TIEMPO DE OCIO	27
Unidad 5	BIOGRAFÍAS	35
Unidad 6	GASTRONOMÍA	42
Unidad 7	DE COMPRAS	50
Unidad 8	OTRAS ÉPOCAS	58
Unidad 9	LA SALUD	66
Unidad 10	CULTURAS	73
Transcripciones		80
Soluciones		87

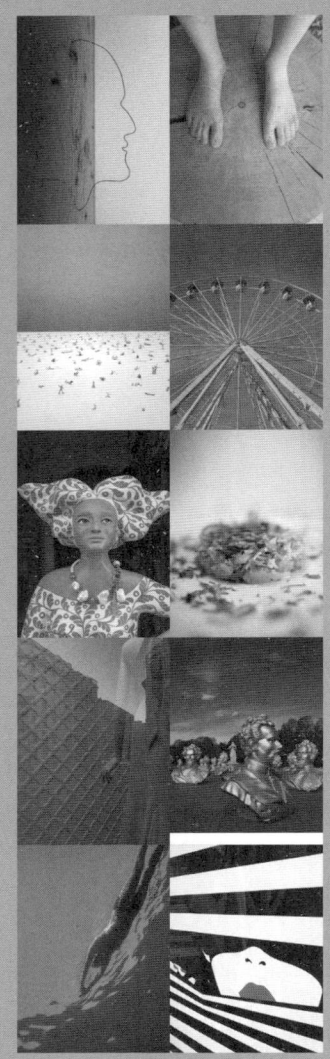

El examen para obtener el DELE A2

En el libro proponemos actividades para preparar el nuevo examen DELE, acompañadas de estrategias que te ayudarán a hacer las diferentes tareas. Aquí tienes un índice con las partes del examen y las páginas del libro donde están las actividades para practicar.

PRUEBA 1. Comprensión de lectura (60 minutos)	Página
Tarea 1 Leer un texto (correo electrónico, postal...) y responder a cinco preguntas con tres opciones de respuesta.	19
Tarea 2 Leer ocho textos cortos (folletos, anuncios...) y contestar a una pregunta sobre cada texto con tres opciones de respuesta.	46-47
Tarea 3 Leer tres textos (folletos, anuncios...) y relacionarlos con seis enunciados.	59
Tarea 4 Leer un texto largo (reseña biográfica, entrada de blog...) y contestar a seis preguntas con tres opciones de respuesta.	40
PRUEBA 2. Comprensión auditiva (40 minutos)	
Tarea 1 Escuchar seis conversaciones cortas y contestar a una pregunta sobre cada conversación con tres opciones de respuesta (imágenes).	79
Tarea 2 Escuchar seis mensajes cortos y contestar a una pregunta sobre cada mensaje con tres opciones de respuesta.	69
Tarea 3 Escuchar una conversación y relacionar seis enunciados con las personas de la conversación.	9
Tarea 4 Escuchar siete mensajes cortos y relacionar con siete de diez enunciados.	75
PRUEBA 3. Expresión e interacción escritas (45 minutos)	
Tarea 1 Escribir un texto (correo electrónico, nota...) para responder a otro texto dado (60 - 70 palabras).	23
Tarea 2 Escribir un texto (70 - 80 palabras). Hay dos opciones: a) tema personal cotidiano; b) tema biográfico a partir de fotos o datos.	56 (a) 28 (b)
PRUEBA 4. Expresión e interacción orales (12 minutos + 12 minutos de preparación)	
Tarea 1 Hacer un monólogo sobre un tema a elegir entre dos (2 - 3 minutos).	44
Tarea 2 Describir una imagen (2 - 3 minutos).	54
Tarea 3 Mantener una conversación con el entrevistador a partir de la imagen de la Tarea 2 (3 - 4 minutos).	54

1 CONOCER Y CONOCERSE

A VAMOS A CONOCERNOS

1a ¿Qué adjetivo describe mejor a estas personas? Escribe los adjetivos en la forma correcta.

> dinámico - generoso - sociable - perezoso - cosmopolita - ambicioso

1. A Juana le encanta quedar con amigos y conocer a gente nueva. Es una chica muy _____.
2. Óscar ayuda económicamente a sus amigos cuando tienen problemas. Es una persona _____.
3. María y Ángel tienen una empresa y siempre trabajan para hacerla más y más grande. Son _____.
4. Clara nunca quiere levantarse del sofá, no le gusta trabajar. Es un poco _____.
5. Juan Luis ha viajado por todo el mundo y conoce muchas ciudades. En un hombre muy _____.
6. ¡Carlos no para! Siempre está pensando un nuevo proyecto. Es un chico muy _____.

1b Contesta a las preguntas.

1. ¿Quién es la persona más generosa que conoces? ¿Por qué?
2. ¿Quién es tu amigo más divertido? ¿Por qué?
3. ¿Cuándo estás más relajado?
4. ¿En qué situaciones estás nervioso?
5. ¿Qué día de la semana estás más cansado? ¿Por qué?
6. ¿Crees que eres una persona sociable? ¿Por qué?

2 Completa las analogías con una de las siguientes palabras (debe tener la misma relación). Hay dos palabras que no necesitas.

> manzana - correr - ropa - marrón - abrigo - comprar - mar - cebolla

1. montaña → bosque; playa → _____
2. arte → pintar; deporte → _____
3. verano → bañador; invierno → _____
4. dulces → chocolate; fruta → _____
5. tecnología → videojuegos; moda → _____
6. primavera → verde; otoño → _____

3 Completa las frases con la forma correcta de estos verbos. Atención, tienes que repetir algunos verbos.

> tomar - hacer - jugar - quedar - ver - ir

1. Mis amigos y yo _____ todos los sábados y _____ con videojuegos en casa de Alberto.
2. Linda y Bruno _____ al cine juntos, pero a veces películas diferentes.
3. ¿_____ (tú) mucho el sol? Yo no puedo cuando _____ mucho calor.
4. Yo _____ muchísimas actividades después del trabajo: _____ al gimnasio, _____ al voleibol, _____ con mis amigas…

CONOCER Y CONOCERSE

4 🔊 1-6 Escucha a las personas y contesta con tu opinión. Utiliza estas expresiones para responder.

> a mí también - yo también - a mí tampoco
> yo tampoco - a mí sí - yo sí - a mí no - yo no

Me gusta ver el fútbol los domingos.
A mí también, mi equipo favorito es el Olympique de Lyon.

1 _____
2 _____
3 _____
4 _____
5 _____
6 _____

5a 🔊 7-9 Escucha a José Luis, Marcos y Lidia y contesta a las preguntas.

1 ¿Cuál es su nacionalidad? ¿Dónde vive cada uno?
   José Luis: _____
   Marcos: _____
   Lidia: _____

2 ¿Quién habla sobre su trabajo? ¿Qué profesión tiene(n)?
   _____

3 ¿Quién tiene hijos? _____

4 ¿Con qué personas relacionas estas fotos?

a _____ b _____

c _____ d

5b 🔊 7-9 Vuelve a escuchar y señala verdadero (V) o falso (F).

	V	F
1 A José Luis le gusta hacer deporte.	☐	☐
2 José Luis siempre trabaja por las noches.	☐	☐
3 Los padres de Marcos viven en Uruguay.	☐	☐
4 La sobrina de Marcos se llama Nuria.	☐	☐
5 Lidia es la persona más joven de los tres.	☐	☐
6 Lidia trabaja en un restaurante japonés.	☐	☐

B ¿QUEDAMOS?

6 ¿De qué hablan las siguientes personas? Elige la opción correcta.

1 Me cuesta muchísimo.
   a Levantarme pronto los sábados.
   b Los distintos acentos del español.

2 No le cuestan nada.
   a Entender a los españoles cuando hablan.
   b Los ejercicios de gramática.

3 Nos gustan mucho.
   a Los idiomas.
   b La política.

4 A Anthony le cuestan.
   a Los verbos irregulares en español.
   b Conocer gente nueva.

5 ¡Qué bien! A ti no te cuesta nada.
   a Las matemáticas.
   b Pronunciar la erre.

6 A mis amigos les interesa mucho.
   a Hacer un intercambio de conversación.
   b Los libros de literatura francesa.

7 A veces nos cuestan un poco.
   a Los horarios de las comidas en España.
   b Hacer amigos nuevos.

8 A Marta le encantan.
   a Ir al gimnasio.
   b Las *apps* para conocer gente.

siete

1 CONOCER Y CONOCERSE

7 Vives en una ciudad nueva y quieres conocer a gente a través de una *app*. Escribe un texto con tu información personal para registrarte.

8 ¿Por qué llevan o no llevan tilde las palabras en negrita?

1 **Si** quieres hacer deporte con gente nueva, esta es la mejor *app*.
   a Introduce una condición.
   b Es un adverbio de afirmación.
2 ¿Cuál es **tu** *app* favorita?
   a Es un pronombre personal.
   b Es un posesivo.
3 **Él** siempre tiene planes gracias a las *apps*.
   a Es un artículo determinado.
   b Es un pronombre personal.
4 A **mí** me cuesta mucho conocer gente nueva, ¿y a ti?
   a Es un pronombre de primera persona.
   b Es un posesivo.
5 • ¿Vienes al concierto conmigo?
   ▪ **Sí**, ¡claro!
   a Es un adverbio de afirmación.
   b Introduce una condición.
6 ¿Y **tú**?, ¿qué *apps* utilizas normalmente?
   a Es un pronombre personal.
   b Es un posesivo.

9 Corrige o añade las tildes en las siguientes frases, si es necesario.

1 Para **mi**, conocer gente con las *apps* es muy fácil. ¡Así he conocido a **mí** novia!
2 **Sí** quieres ponerte en forma, empieza a hacer deporte.
3 ¿Cuál es **tu** momento del día preferido?
4 He encontrado a la persona perfecta para **tí**; se llama Ana y es estudiante de Medicina.
5 ¿Qué haces normalmente en **tú** tiempo libre?
6 Puedes publicar un anuncio en **él** muro de **tu** Facebook.
7 ¿Que **si** vamos al cine esta noche? ¡**Si**, claro!
8 **Mí** horario es bastante complicado, por eso me cuesta salir y conocer gente.
9 En **mi** tiempo libre, hago deporte y leo mucha literatura francesa, ¿y **tu**?
10 A Carmen no le interesa nada la política, pero a **el, sí**.

10 Marca la opción que **no** es correcta.

1 Sergio es una persona muy **extrovertida / tímida / abierta** y no le cuesta nada conocer gente nueva.
2 Los usuarios de esta *app* pueden crear un **grupo / muro / evento** para contactar con gente con intereses similares.
3 Estoy buscando un intercambio de conversación para **ponerme en forma / practicar inglés / compartir mi pasión por los idiomas**.
4 Conoce a gente de tu ciudad por solo 2 € al mes con nuestra aplicación **gratuita / móvil / colaborativa**.
5 En esta aplicación puedes encontrar gente para compartir **momentos especiales / el tiempo libre / contacto**.
6 Soy una persona **activa / casera / sociable** y me encanta hacer planes con gente fuera de casa.
7 Esta aplicación es perfecta para ponerte **en forma / en contacto con otras personas / a un evento**.
8 Si quieres conocer gente por internet, puedes **juntar / crear / apuntarte a** un evento a través de una de estas aplicaciones.

C NUESTRAS NECESIDADES

11a Lee este anuncio de una actividad de una escuela de español. Fíjate en las palabras en negrita y escribe cómo se dicen en tu idioma las siguientes expresiones.

¡No **te** puedes **perder** la visita a A Coruña este fin de semana!

A una hora de distancia en tren, la ciudad de A Coruña sorprende por su luz. Juntos **recorremos** las calles del **casco antiguo** de la ciudad **de la mano de** nuestra experta, Rosalía. Además, paseamos **a orillas del** mar por el paseo marítimo más largo de Europa.

Día: sábado 12.
Hora: 9:00 h.
Punto de encuentro: estación de tren.

1 perderse algo (por ejemplo, una actividad):

2 (estar) a una hora de distancia:

3 recorrer (un parque, una ciudad, un país):

4 el casco antiguo:

5 hacer algo de la mano de alguien:

6 a orillas de (un río, un mar):

11b Ahora escribe una frase con cada una de las expresiones anteriores.

12 10 DELE María y Harry se encuentran en la biblioteca. Escucha la conversación y marca la respuesta correcta.

	Harry	María	Ninguno de los dos
1 Ha hecho un curso de arte.			
2 Va a hacer visitas a museos.			
3 Tiene clases en julio.			
4 Va a ir a un taller de escritura.			
5 Trabaja en el bar La Flor.			
6 Va a comprar un libro.			

ESTRATEGIAS PARA EL EXAMEN

Este ejercicio corresponde a la Tarea 3 de la Prueba 2. Escuchas dos veces una conversación informal y tienes que relacionar seis enunciados con la persona a la que corresponden (hombre, mujer o ninguno de los dos).
- Lee con atención los enunciados antes de escuchar.
- Fíjate bien en quién dice la información de los enunciados.
- Recuerda que algunos enunciados no se corresponden con ninguna de las personas.

CONOCER Y CONOCERSE

13 Relaciona los comentarios que hacen estos estudiantes de español con las ideas y consejos de la profesora.

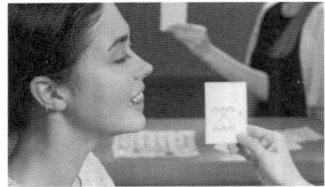

a Para mí es muy difícil la pronunciación.

b ¡No me gusta estudiar la gramática!

c No me gusta cometer errores cuando hablo.

d Me cuesta escribir frases en español, no sé cómo empezar.

e Los hablantes nativos hablan muy rápido y no comprendo nada.

f Me encanta leer y quiero leer libros en español, ¡pero no sé cuáles!

1 ☐ Es conveniente empezar con frases cortas, de estructura fácil: sujeto, verbo y resto de la frase. Después, puedes unir esas frases para tener frases más largas.

2 ☐ Te recomiendo empezar con un libro de historias cortas o la traducción de un libro que has leído en tu idioma.

3 ☐ Te entiendo, pero hay que estudiarla un poco porque es «el esqueleto» de la lengua. Vas a ver que, con explicaciones claras, no es tan difícil.

4 ☐ Es necesario practicar mucho. Y es importante pronunciar claramente las vocales: A - E - I - O - U. Puedes grabarte con el móvil, escuchar qué sonidos tienes que mejorar y grabar otra vez.

5 ☐ Puedes escuchar la radio o ver series en español para acostumbrarte. Con internet hay muchas posibilidades.

6 ☐ Es un problema que tenemos muchas personas, pero tienes que pensar que la gente que te escucha se alegra porque tú quieres aprender su idioma.

14 Lee los minidiálogos y escribe una recomendación para cada uno.

1 • ¡Qué horror! Me gusta aprender idiomas, pero...
  ▪ ¿Pero qué?
  • ¡Me cuesta mucho aprender el vocabulario!
  ▪ _____

2 • Qué problema... Me gusta correr, pero no me gusta correr solo.
  ▪ ¿Y por qué no vas con un amigo?
  • Ese es el problema, a mis amigos no les gusta correr.
  ▪ _____

3 • He pensado que tengo que hacer algo para entrenar mi cerebro.
  ▪ ¿Ah, sí? ¿Y qué quieres hacer?
  • Pues quiero empezar a estudiar una lengua, pero no sé cuál.
  ▪ _____

4 • ¡Uf, vaya problema tengo!
  ▪ ¿Pero qué te pasa?
  • He conocido a una persona en una aplicación para encontrar pareja, pero no sé si es la persona ideal para mí.
  ▪ _____

5 • ¿Qué crees que hay que hacer para aprender bien un idioma?
  ▪ _____

Recuerda

Podemos hacer **recomendaciones personales** con *Tienes que..., Puedes...* y *Te recomiendo...*; y **recomendaciones generales** con *Hay que..., Es necesario...* y *Es importante...*

15 Un compañero quiere pasar unos días en tu pueblo o ciudad. ¿Qué le recomiendas? Piensa en la mejor época para ir, actividades deportivas y culturales, gastronomía... y escribe en tu cuaderno un correo electrónico.

¡Hola, Isabella!
¿Quieres pasar unos días en Merza, mi pueblo? ¡Genial! Te recomiendo ir en agosto porque se celebran diferentes fiestas típicas. Si te gusta el deporte, puedes nadar en el río...

CONOCER Y CONOCERSE

EN ACCIÓN

16a 🔊 11-15 **Cinco personas explican cómo aprenden idiomas. Escucha y escribe el número de la persona que habla.**

a ☐ Le gustan los intercambios de idiomas.
b ☐ No quiere olvidar el inglés.
c ☐ No le gusta hacer cursos de lengua.
d ☐ Le cuesta comprender a la gente.
e ☐ Le gusta estudiar en casa.

16b 🔊 11-15 **Escucha otra vez y relaciona cada persona con lo que hace para aprender idiomas.**

1 Le gusta estudiar en casa.
2 No quiere olvidar el inglés.
3 Le cuesta comprender a la gente.
4 No le gusta hacer cursos de lengua.
5 Le gustan los intercambios de idiomas.

a Escucha la radio cuando cocina o está en el baño.
b Habla con otra persona en español y en su lengua materna.
c Repite lo que ha hecho en clase y trabaja con el cuaderno de ejercicios.
d Viaja a los países de la lengua que quiere aprender.
e Ve series de televisión en la lengua original con y sin subtítulos.

16c Y tú, ¿cómo aprendes español? ¿Qué haces o vas a hacer para mejorar los aspectos que te cuestan?

Y PARA ACABAR...

La primera persona que has conocido en el curso de español:

Tres aplicaciones de móvil que usas mucho:

Lo que más te gusta de aprender español:

Información interesante de esta unidad:

2 MI LUGAR EN EL MUNDO

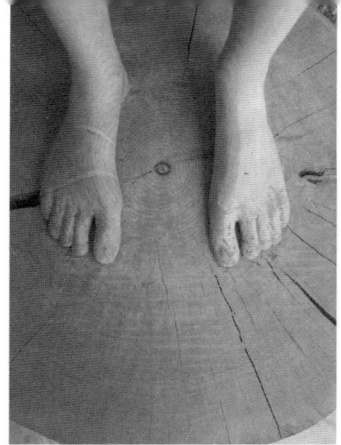

A EXPATRIADOS

1a Sandra es una mujer italiana que comenta la entrada del blog de Pablo (página 16 del libro del alumno). Lee y ordena los párrafos de su comentario.

BLOG

SANDRA
19 enero 20:35 h

Hola, Pablo:

☐ Yo soy italiana y he vivido en Francia por mis estudios, en Alemania por trabajo y desde hace unos años vivo en Estados Unidos, porque mi pareja es de aquí. Tienes razón, vivir en el extranjero no siempre es fácil. A pesar de haber vivido siempre en países occidentales, cada uno tiene sus reglas y he tenido que adaptarme a ellas, a su burocracia, a su sistema de salud…

☐ He leído tu última entrada en el blog y me parece muy interesante. Estoy de acuerdo contigo: viajar está sobrevalorado. Es verdad que sirve para abrir la mente. Leer libros también. Y es verdad que mejora las habilidades sociales, pero si realmente quieres conocer un país y su gente, un viaje de tres o cuatro semanas no es suficiente. Tienes que vivir en él.

☐ Pero vivir en el extranjero es una experiencia fantástica que marca tu desarrollo personal de manera inevitable. Ver que hay otras formas de entender la vida, adaptarse a esas diferencias y disfrutar de ellas. ¿Y sabes qué me pasa ahora muchas veces? Cuando estoy de vacaciones en Italia, echo de menos mi país de acogida y pienso que tampoco es todo tan fácil en el país de origen.

☐ A veces son los pequeños detalles. Por ejemplo, al principio tienes que acostumbrarte a que en el supermercado no encuentras los productos o marcas que conoces. Y por supuesto, los hábitos, la forma de vida y el trato con la gente también son diferentes. Por eso, muchas veces, una se desespera y quiere volver al país de origen porque piensa que allí todo es más fácil.

Un saludo especial a todos los expatriados.
Sandra

1b ¿Tú has vivido o vives en el extranjero? ¿Te gustaría vivir un tiempo en otro país? Escribe en tu cuaderno una entrada para el blog de Pablo y habla sobre qué significa para ti esa experiencia o por qué (no) te gustaría ir a otro país.

MI LUGAR EN EL MUNDO **2**

2a Clasifica estos verbos. Atención, hay verbos que pueden estar en dos categorías.

> comprar - jugar - ir - hacer - pedir - volver - querer - desayunar - vestirse - poner
> probar - estar - preferir - salir - poder - cenar - levantarse - contar - ser - venir

1 Verbos regulares

2 Verbos reflexivos

3 Verbos con cambio vocálico e > ie

4 Verbos con cambio vocálico e > i

5 Verbos con cambio vocálico o > ue

6 Verbos con cambio vocálico u > ue

7 Verbos con primera persona irregular

8 Verbos completamente irregulares

2b Conjuga ahora estos verbos.

	cenar	poder	venir	vestirse
yo				
tú				
él / ella / usted				
nosotros/as				
vosotros/as				
ellos/as / ustedes				

Recuerda

En la mayor parte de **Latinoamérica** no existe la forma *vosotros*. Utilizan **ustedes** para el trato formal e informal:

- Latinoamérica: *Chicos, ¿ustedes **estudian** o **trabajan**?*
- España: *Chicos, ¿vosotros **estudiáis** o **trabajáis**?*

3 🔊 16-23 Escucha las frases y marca de qué persona se habla en cada una.

	1	2	3	4	5	6	7	8
yo	☐	☐	☐	☐	☐	☐	☐	☐
tú	☐	☐	☐	☐	☐	☐	☐	☐
él / ella	☐	☐	☐	☐	☐	☐	☐	☐
usted	☐	☐	☐	☐	☐	☐	☐	☐
nosotros/as	☐	☐	☐	☐	☐	☐	☐	☐
vosotros/as	☐	☐	☐	☐	☐	☐	☐	☐
ellos / ellas	☐	☐	☐	☐	☐	☐	☐	☐
ustedes	☐	☐	☐	☐	☐	☐	☐	☐

4 🔊 24-29 Marca la sílaba tónica y graba estas palabras con tu móvil. Después, escucha y comprueba.

1 pasa - paso - pasáis
2 vivir - vivís - vives
3 vuelves - volvéis - vuelven
4 trabajáis - trabajar - trabajas
5 empezar - empieza - empezáis
6 pides - pedir - pedís

trece **13**

2 MI LUGAR EN EL MUNDO

5a Escribe los verbos en la forma correcta.

A
Gerda es de Holanda, pero _____ (1 estar) jubilada y _____ (2 disfrutar) de una vida tranquila con su marido en Livingstone, Zambia. Por la mañana, los dos _____ (3 levantarse) temprano y _____ (4 leer) la prensa local e internacional. La mejor parte del día para Gerda es la tarde. Después de comer, ella _____ (5 ir) a una escuela donde _____ (6 ayudar) a los niños con los estudios y _____ (7 hacer) con ellos los deberes. Por la noche, su marido y ella _____ (8 quedarse) en casa o _____ (9 dar) un paseo por la ciudad.

B
Yo soy de Shanghái, China, pero _____ (1 llevar) algunos años en Alemania. _____ (2 tener) una hija pequeña, Kassandra. Por la mañana, temprano, _____ (3 salir) a correr. Luego _____ (4 despertar) a Kassandra, _____ (5 desayunar) las dos juntas y _____ (6 salir) de casa a las siete y cuarto. Después del trabajo, la _____ (7 recoger) en la guardería y por la tarde _____ (8 tener) que trabajar un poco en casa, mientras Kassandra _____ (9 jugar) con su padre. Algunos días _____ (10 hacer) los deberes de mi curso de español. Por la noche, ella _____ (11 acostarse) a las ocho y yo _____ (12 irse) a la cama a las diez.

C
¿Y tú _____ (1 vivir) solo/a o con tu pareja o familia? ¿Dónde _____ (2 vivir) y qué _____ (3 hacer) en un día normal?

Recuerda
Utilizamos la construcción **tener que + infinitivo** para expresar **obligación**:

Tengo que estudiar un poco de español todos los días.

Mi padre y yo tenemos que hacer la compra el fin de semana.

5b Escribe en tu cuaderno un pequeño texto sobre tu rutina para contestar a las preguntas anteriores.

B ¿DE CAMPO O DE CIUDAD?

6 Escribe el participio de los siguientes verbos.

1 escribir - _____
2 decir - _____
3 hacer - _____
4 descubrir - _____
5 componer - _____
6 describir - _____
7 devolver - _____
8 rehacer - _____
9 ver - _____
10 morir - _____
11 abrir - _____
12 romper - _____

MI LUGAR EN EL MUNDO 2

7 Señala la opción adecuada.

1. Tus amigos y tú queréis ir a un concierto y tú tienes que comprar las entradas. No has tenido tiempo, pero vas a hacerlo. ¿Qué dices a tus amigos?
   a. No, no las he comprado.
   b. No, todavía no las he comprado.

2. Vas a ayudar a tu amigo a recoger las verduras de su huerto urbano, pero llegas tarde. Él te dice:
   a. No te preocupes, de verdad, ya las he recogido yo.
   b. No te preocupes, de verdad, las he recogido yo.

3. Una amiga va a ir a un retiro de meditación. Te pregunta si has ido alguna vez. Tú eres muy sociable y te gusta hablar. ¿Qué contestas?
   a. No, todavía no he ido.
   b. No, no he ido.

4. Quieres ir a una exposición de Sorolla e invitas a tu amiga Marta, una apasionada del arte. ¿Qué te dice?
   a. ¡Claro! Además, yo la he visto, puedo explicarte los cuadros.
   b. ¡Claro! Además, yo ya la he visto, puedo explicarte los cuadros.

5. Sara acaba de mudarse al campo y ha comprado unas gallinas porque quiere cocinar con huevos ecológicos. Las gallinas, de momento, no han puesto ningún huevo, pero Sara es muy positiva. ¿Qué dice?
   a. Bueno, todavía no han puesto ningún huevo, pero seguro que en unos días…
   b. Bueno, no han puesto ningún huevo, pero seguro que en unos días…

8a Aída ha escrito una lista de cosas que quiere hacer en su vida. Mira las fotos y señala qué cosas ha hecho ya.

- ☐ Tener un sobrino
- ☐ Comprar una casa
- ☐ Ver las cataratas del Niágara
- ☐ Visitar Nueva York
- ☐ Ir a un concierto de Enrique Iglesias
- ☐ Montar en globo
- ☐ Nadar con delfines
- ☐ Ver una aurora boreal
- ☐ Adoptar un perro
- ☐ Volar en avioneta
- ☐ Correr un medio maratón
- ☐ Visitar la Gran Muralla china
- ☐ Escribir un libro

8b ¿Y tú? Escribe en tu cuaderno tu lista de cosas y explica cuáles ya has hecho y cuáles todavía no.

9 Continúa la frase como en el ejemplo usando el pretérito perfecto.

Habla muy bien alemán. *Ha vivido varios años en Austria.*

1. Vive en una casa muy lujosa con piscina. _____
2. Es una cantante muy famosa. _____
3. Es un chico muy inteligente. _____
4. Tiene más de 70 años y está jubilado. _____
5. Tiene mucha experiencia internacional. _____
6. Está muy cansada. _____

2 MI LUGAR EN EL MUNDO

10 Completa las siguientes frases usando pretérito perfecto o presente.

1. Ana y Luis _____ (mudarse) al campo. Ahora _____ (vivir) en una casa que _____ (encontrarse) a 80 kilómetros de la ciudad. Dicen que _____ (ser) la mejor decisión de sus vidas.
2. Mi novia y yo siempre _____ (ir) a muchas exposiciones de arte, fotografía, moda… Este mes _____ (visitar) la exposición de dibujo del Museo de Ilustración, pero todavía no _____ (comprar) entradas para la de pintura surrealista.
3. Fran _____ (hacer) veinte minutos de meditación todas las mañanas, pero hoy no _____ (tener) tiempo y por eso ahora _____ (estar) nervioso.
4. Yo _____ (correr) 10 kilómetros tres días a la semana y este fin de semana _____ (participar) en un medio maratón.
5. A mis padres les encanta el cine argentino, normalmente _____ (ir) al cine cuando hay una peli nueva, pero todavía no _____ (ver) la última de Ricardo Darín.
6. Siempre _____ (comprar) huevos ecológicos directamente a los productores, pero alguna vez no los _____ (encontrar) y _____ (comer) huevos normales, producidos en granjas.

11 Completa los siguientes diálogos con el pronombre adecuado.

1. • ¿Has llamado ya a tu tía Paloma? Recuerda que hoy es su cumple.
   ▪ No, mamá. Todavía no _____ he llamado, pero tranquila, que _____ voy a hacer.
2. • ¿Sabes que Marta y Carlos se han comprado una casa?
   ▪ Sí, _____ sé. _____ he visto en una foto y es preciosa, pero es muy cara, no sé cómo van a pagar_____.
3. • ¿Cuál es tu libro favorito?
   ▪ *Cien años de soledad:* _____ he leído cinco veces.
4. • ¿Dónde compras la fruta y la verdura normalmente?
   ▪ La fruta _____ compro en el mercado y la verdura siempre es del huerto ecológico de mi madre.

5. • ¿Has montado en globo alguna vez?
   ▪ No, nunca _____ he hecho, pero cerca de mi pueblo hay un campo donde vuelan y _____ he visto muchas veces.
6. • La nueva película de Almodóvar parece muy interesante, ¿no?
   ▪ Sí, _____ es, _____ he visto este fin de semana y me ha encantado.

12 Lee las siguientes frases y elige dónde van los pronombres (delante o detrás del verbo).

1. • ¿Has visto la serie *La Casa de Papel*?
   ▪ No, no **la** he visto **la**, pero quiero **la** ver**la**.
2. En unos meses vamos a ir a un *camping* y queremos **lo** reservar**lo** ya.
3. • ¿Dónde ves normalmente las series?
   ▪ **Las** veo **las** en mi teléfono móvil.
4. He comprado huevos en el mercado y ahora estoy **los** cocinándo**los**. Vamos a **los** comer**los** con patatas y jamón.
5. Me encanta pasear a mi perro por el parque. **Lo** he adoptado **lo** hace unas semanas y estoy encantado.

13 Relaciona las dos columnas.

1. ¿Has comido alguna vez carne de canguro?
2. ¿Has viajado sola alguna vez?
3. ¿Has ido alguna vez a un concierto?
4. ¿Alguna vez has plantado tus propias verduras?
5. ¿Has dormido alguna vez bajo las estrellas?
6. ¿Has mirado la oferta cultural de esta semana?
7. ¿Has ido ya a la exposición de Picasso?
8. ¿Has hecho yoga alguna vez?

a. ☐ Sí, lo he hecho varias veces, siempre en lugares seguros.
b. ☐ No, nunca la he probado. Además, soy vegetariana…
c. ☐ Sí, y después nos las hemos comido. ¡Buenísimas!
d. ☐ ¡Claro! Lo hago todos los meses, me encanta la música.
e. ☐ Sí, la he visitado esta semana. Tiene unos cuadros impresionantes.
f. ☐ Todas las mañanas hago diez minutos, ¡lo necesito!
g. ☐ Sí, la he visto. Hay varias exposiciones interesantes.
h. ☐ No, no lo he probado, hay demasiados insectos.

MI LUGAR EN EL MUNDO 2

C DIARIO DE UNA NÓMADA

14 Escribe la palabra que corresponde a cada explicación. Puedes encontrar las palabras en los textos de las páginas 20 - 21 del libro del alumno.

1 Transporte público que va por el agua y conecta dos lugares: _____
2 Porción de tierra rodeada de agua por todas partes: _____
3 Pagar dinero para usar algo por un tiempo limitado: _____
4 Parte de la tierra que está en contacto con el mar: _____
5 Lugar donde aparcan los barcos: _____
6 Persona de Nicaragua: _____
7 Moneda de Nicaragua: _____
8 Persona que conduce un taxi: _____

15a 🔊 30 Escucha a Alan hablar sobre su viaje por el Eje Cafetero, en Colombia. Anota en qué orden habla de las fotografías.

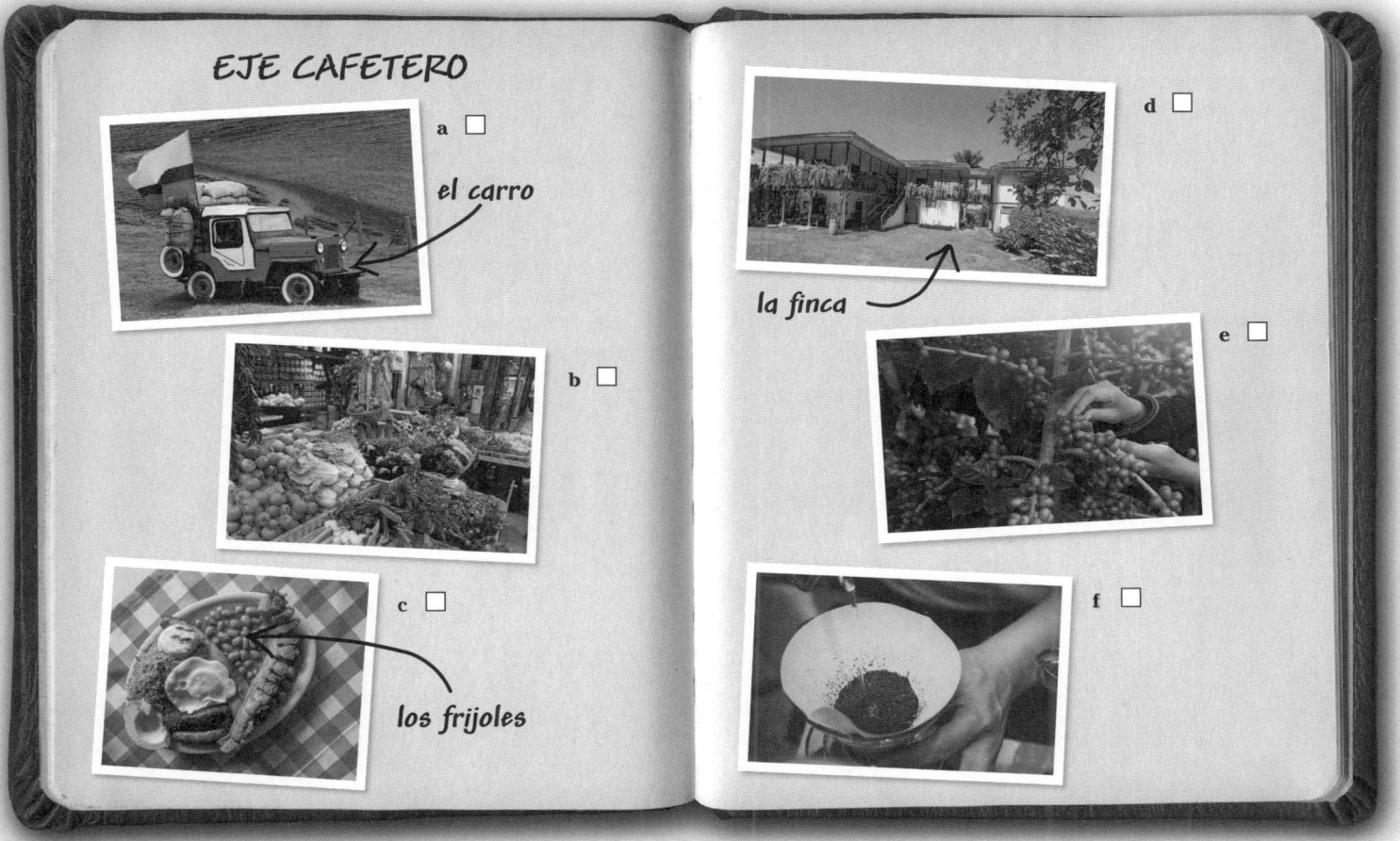

15b 🔊 30 Escucha otra vez y contesta a las preguntas.

1 ¿Qué es una galería en Colombia? _____
2 ¿Qué ingredientes lleva una bandeja paisa? _____
3 ¿Dónde duerme Alan? _____
4 ¿Por qué son importantes los *Willys*? _____
5 ¿Qué tipo de café es mejor para apreciar su maravilloso sabor? _____

¿Sabías que...?

En los diferentes países hispanos hay distintas palabras para hablar de la misma cosa. Por ejemplo, decimos **frijoles** en México, **poroto** en Argentina y **judías** o **habas** en España. En España se dice **coche**, pero en otros países hispanos lo llaman **carro** o también puede ser **auto**.

diecisiete

2 MI LUGAR EN EL MUNDO

16a Completa las frases con nombres de lugares que has visitado.

1 _____ es un lugar muy auténtico.
2 _____ es el lugar más divertido que he visitado.
3 _____ es un lugar poco tranquilo.
4 _____ es el lugar menos barato que he visitado.

16b Ahora escribe frases similares con estos adjetivos.

seguro/a
interesante
turístico/a
caro/a
relajante

17 Elige la preposición correcta para cada frase.

1 a Marta viene **a / de** Londres esta tarde. Ha pasado dos semanas allí.
  b Marta viene **a / de** Londres esta tarde. Va a pasar dos semanas aquí.
2 a • ¿A qué hora llegan los chicos **a / de** la escuela?
    ▪ Normalmente están en casa a las 5.
  b • ¿A qué hora llegan los chicos **a / de** la escuela?
    ▪ A las 8:45, tienen clase a las 9.
3 a • ¿Adónde vas?
    ▪ Quiero ir **a / hacia** la plaza, para ver si encuentro un café bonito en el camino.
  b • ¿Adónde vas?
    ▪ Quiero ir **a / hacia** la plaza, hay un café bonito allí.
4 a Vamos **a / por** este parque. Así el camino es más corto.
  b Vamos **a / por** este parque. Es muy agradable.

18 Combina las palabras de las tres columnas para escribir una frase para cada foto. Tienes que conjugar los verbos en la forma correcta. Hay diferentes posibilidades.

ir		la escuela
llegar	a	el mercado
venir	de	casa
pasear	en	el aeropuerto
salir	por	bicicleta
		el trabajo
		la playa

Recuerda

a + el = al
de + el = del

Héctor va a la escuela en autobús.

1 _____   2 _____   3 _____

4 _____   5 _____   6 _____

MI LUGAR EN EL MUNDO

EN ACCIÓN

19 DELE Lee otra vez en la página 22 del libro del alumno el correo electrónico que Leonardo escribe a su amiga Ingrid y marca la opción correcta.

1. Leonardo escribe a Ingrid para hablarle…
   a. de su nueva vida.
   b. de un viaje.
   c. de sus nuevos amigos.
2. En Cambridge, Leonardo…
   a. tiene más clases que en España.
   b. no hace mucho deporte.
   c. hace más trabajos de investigación.
3. En España, Leonardo come…
   a. a las doce.
   b. a las dos.
   c. algo ligero.
4. A Leonardo no le gusta…
   a. ir en bicicleta.
   b. que hay mucha gente joven.
   c. cenar a las seis y media.
5. Leonardo quiere…
   a. escribir un ensayo para las clases.
   b. aprender a escribir mejor.
   c. escribir a Ingrid otro día.

ESTRATEGIAS PARA EL EXAMEN

Este ejercicio corresponde a la Tarea 1 de la Prueba 1. Tienes que leer un texto de 250 - 300 palabras (correo electrónico, carta…) y contestar a cinco preguntas con tres opciones de respuesta. Solo hay una opción correcta para cada pregunta.
- Lee el texto para tener una idea general del tema.
- Lee las preguntas con atención.
- Lee otra vez el texto y busca los lugares con la información que necesitas.
- Si no sabes cuál es la opción correcta, piensa qué opciones no son posibles.

20 Imagina que quieres mostrar el lugar donde estás a hispanohablantes. Haz un vídeo con un compañero donde mostráis y explicáis los lugares o aspectos más importantes para vosotros.

- Pensad qué lugares o aspectos (comida, transporte…) queréis mostrar.
- Escribid algunas frases sobre esos lugares.
- Id al lugar para grabaros mientras hacéis la explicación.

Y PARA ACABAR…

Tu actividad favorita de la rutina diaria:

Algo que ha hecho o quiere hacer mucha gente pero tú no quieres hacer:

Dos países latinoamericanos que quieres visitar:

Información interesante de esta unidad:

3 LA VIDA SECRETA DE LOS OBJETOS

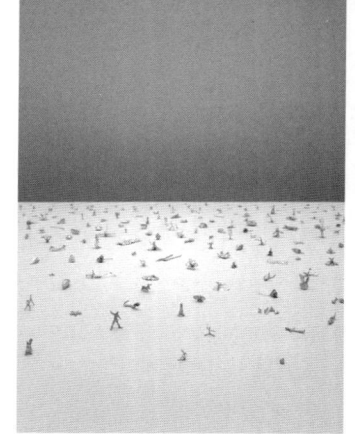

A OBJETOS QUE NOS ALEGRAN

1 🔊 31 **Vas a escuchar una noticia sobre un famoso coleccionista de Argentina. Selecciona en cada caso la opción correcta.**

1. Gabriel del Campo colecciona objetos…
   a. que luego exhibe en su museo personal.
   b. que luego vende en su tienda.
   c. que intercambia con otros coleccionistas.
2. Gabriel vive…
   a. en su tienda de antigüedades.
   b. en un *loft* en Nueva York.
   c. en el campo.
3. ¿Cuántos objetos ha llegado a tener Gabriel en 2010?
   a. 27 000 objetos.
   b. 17 000 objetos.
   c. 7000 objetos.
4. ¿Qué busca Gabriel cuando compra nuevos objetos?
   a. Busca objetos raros y diferentes.
   b. Busca objetos baratos.
   c. Busca objetos que emocionen.
5. ¿Cuál de estos objetos no se menciona en la noticia?
   a. Un cuadro original de Picasso.
   b. Una colección de maletas.
   c. Un coche.
6. ¿Dónde ha encontrado del Campo la colección de maletas?
   a. En Londres.
   b. En París.
   c. Esa información no se dice en el audio.

2a Relaciona el principio y el final de estas frases.

1. No puedo vivir sin mis gafas:…
2. Este cuadro me recuerda a mi viaje por Senegal:…
3. Esta foto me recuerda a un momento muy especial:…
4. No puedo vivir sin mi teléfono móvil:…
5. Esta canción me recuerda mucho a mi madre:…
6. No puedo vivir sin mis perros:…

a. es de un artista del sur del país.
b. lo necesito para hablar con mis amigos, hacer fotos…
c. las uso para ver, para leer, para conducir… ¡Para todo!
d. son parte de mi familia.
e. le encanta cantar y esta es su preferida.
f. el día de la boda de mi hermana.

2b Contesta ahora con objetos importantes en tu vida.

1. No puedo vivir sin mi / mis _____ porque _____
2. _____ me recuerda(n) a un momento especial.
3. _____ me recuerda(n) a una persona de mi familia.
4. Uso mucho mi / mis _____ porque _____

LA VIDA SECRETA DE LOS OBJETOS 3

3 Clasifica estas palabras para describir objetos.

> plástico - un instrumento - leer - algodón - papel
> un mueble - cuadrado - escribir - cristal - un alimento
> una prenda - un objeto - madera - cerámica - metal
> una cosa - una bebida - escuchar música - tela
> redondo - grande - ver - guardar cosas - cuero

Es...

Es de...

Se usa para... / Sirve para...

4a Elige la opción correcta.

1 Las gafas de sol son **un objeto / un mueble** que se usa para **ver mejor por la noche / proteger nuestros ojos del sol**. Tienen dos partes: una parte es **cuadrada / redonda** y de **papel / cristal** y la otra es **rectangular / alargada** y normalmente es de **cuero / plástico** o de madera.

2 Una bufanda es **un instrumento / una prenda** que sirve para no tener frío **en las manos / en el cuello**. Es **triangular / alargada** y normalmente es de **lana / metal**.

3 Una agenda es **un alimento / un objeto** que sirve para **contactar con otras personas / escribir cosas importantes**. Normalmente es pequeña y **redonda / rectangular**. Es de **madera / papel**.

4 Una botella es **un objeto / una bebida** que se usa para **llevar agua / decorar la mesa**. ¡Yo no puedo vivir sin ella! La podemos comprar de **piel / plástico**, pero mucha gente prefiere usar las botellas de **cristal / lana** para no producir tanta basura.

5 Una taza es **una cosa / una prenda** que sirve para **comer / beber**, pero también hay gente que la usa para decorar o para poner lápices y bolígrafos. Yo tengo muchas porque compro una en cada lugar que visito, pero mi favorita es una azul, de **cerámica / tela**, hecha a mano, que he comprado hace poco en un viaje a Marruecos.

4b Escribe una breve descripción para estos objetos.

1 Un teléfono móvil: _____

2 Una mesa: _____

3 Unos guantes: _____

5 Elige el conector adecuado en cada caso.

1 A Sofía le encanta mirar fotos antiguas de su familia **por eso / porque / pero** le gusta ver la ropa y costumbres del pasado.

2 Mateo va a esquiar el próximo fin de semana, **por eso / porque / pero** ha comprado unos guantes especiales para la nieve.

3 La verdad es que no puedo vivir sin mi teléfono móvil **por eso / porque / pero** lo uso para todo: para hacer fotos, trabajar, navegar por internet…

4 Mi gran tesoro es el reloj de mi abuelo. Me encanta, **por eso / porque / pero** no funciona porque es demasiado antiguo.

5 Marta colecciona objetos antiguos, **por eso / porque / pero**, cuando viaja, siempre visita las tiendas de antigüedades y los mercados callejeros.

6 Esta noche tenemos una fiesta importante y quiero ponerme el vestido azul que tanto me gusta, **por eso / porque / pero** no lo encuentro, ¡qué desastre!

7 Vivo en Bilbao, una ciudad donde llueve mucho, **por eso / porque / pero** siempre salgo con mi paraguas.

8 Me han regalado un libro por mi cumpleaños, **por eso / porque / pero** ya lo he leído y quiero cambiarlo.

6 Escribe un principio para estos finales de frase.

1 _____,
por eso voy a regalárselo a mi hermana Nuria por su cumpleaños.

2 _____,
pero no tengo demasiado tiempo.

3 _____,
porque no veo muy bien.

4 _____,
por eso no compro objetos de cuero o piel.

5 _____,
pero no tengo espacio en mi casa.

6 _____,
porque me recuerdan al día de mi boda.

3 LA VIDA SECRETA DE LOS OBJETOS

7a 🔊 32 Escucha las siguientes palabras e identifica en cuáles hay un diptongo.

- abuelo
- veinte
- río
- poema
- paella
- país
- María
- piano
- sandalia
- aceite
- teatro
- Laura
- novia
- pueblo
- maestro

7b 🔊 33 Ahora escucha otra vez las palabras con diptongos y clasifícalas en tu cuaderno según el número de sílabas (dos o tres sílabas).

B OBJETOS PERDIDOS

8a Busca en la sopa de letras los nombres de diez objetos que la gente pierde normalmente.

A	T	P	B	O	L	Í	G	R	A	F	O	Z	M	Á
S	D	I	F	M	T	D	N	V	U	P	S	M	P	S
C	J	N	H	Q	Ó	W	G	A	F	A	S	F	A	H
A	U	T	X	C	Z	S	L	H	C	T	N	J	R	Ú
L	C	A	R	T	E	R	A	X	D	M	E	W	A	L
C	F	L	Y	G	J	P	M	F	É	Y	C	Ó	G	M
E	H	A	L	V	M	T	Z	G	S	Z	S	X	U	P
T	Q	B	N	A	Ó	Y	U	C	V	B	T	F	A	É
I	C	I	L	D	V	X	Z	Q	O	R	P	H	S	D
N	É	O	H	J	I	E	H	L	D	F	J	L	N	G
E	Z	S	V	Ó	L	Z	S	Y	P	E	Ú	S	G	Á
S	M	T	I	S	D	O	L	G	U	A	N	T	E	S

8b Completa estas frases con algunas de las palabras de la actividad anterior.

1 ¡Sin mis _____ no veo nada!
2 No llevo mucho maquillaje, pero me encanta ponerme _____ rojo, ¡me siento mucho más guapa!
3 ¿Me dejas un _____? El mío no escribe.
4 ¡Uf! ¿Has visto qué cielo tan gris? Mejor coge el _____ antes de salir.
5 En mi cajón tengo algunos _____ que han perdido su pareja, a veces me pongo uno diferente en cada mano.
6 ¿Llevas las _____ de casa o cojo yo las mías?

9 Mira las frases de la columna derecha y relaciónalas con estas combinaciones de *perder*.

> perder la motivación - perder el tren
> perder el tiempo - perder un objeto - perder peso

1 La verdad es que Julio pasa horas sin hacer nada… ¡Y luego tiene que darse prisa para acabar las cosas! _____

2 ¡No hay manera! He dejado de comer pan, arroz, dulces…, ¡pero no veo resultados! _____

3 Hemos llegamos a la estación demasiado tarde…, ¡por cinco minutos! _____

4 Raquel ha suspendido el último examen y ahora no tiene ganas de estudiar para los demás. _____

5 ¿Dónde puede estar? ¡He buscado por toda la casa! _____

10 Elige el indicador de posición más lógico.

1 Voy a poner mi pasaporte **al lado del / dentro del** móvil para no olvidarlo mañana.
2 Por favor, las personas altas deben ponerse **delante de / detrás de** las bajas para la foto.
3 Paula, puedes dejar el pan aquí y el helado **encima del / en el** congelador.
4 Sonia siempre deja su bolso **delante de / a la izquierda de** mi móvil, y luego yo no lo encuentro.
5 ¿Tu gato sube **encima de / debajo de** la mesa?
6 Queremos colgar este cuadro **delante de / a la derecha de** la ventana.

11 Mira la imagen y completa las frases. Usa un indicador de posición diferente en cada frase.

1 El boli está _____.
2 Las gafas están _____.
3 El cuaderno está _____.
4 El café está _____.
5 La planta está _____.

¿Sabías que…?

Algunas palabras como *foto* o *moto* se han creado al cortar palabras más largas (*fotografía, motocicleta*). Este tipo de palabras se llama *acortamientos* y muchas se usan frecuentemente en el lenguaje coloquial: *boli* (bolígrafo), *tele* (televisión), *súper* (supermercado), *cumple* (cumpleaños), *cole* (colegio), *uni* (universidad).

LA VIDA SECRETA DE LOS OBJETOS 3

12a 🔊 34 Peter enseña a su amiga Cristina una foto de sus compañeros de la clase de español. Escucha la conversación y escribe los nombres donde corresponden.

Henry - Despi - Lidia - Daniel - Markus - Ariadna - Jean-Claude - Dimitri

12b 🔊 34 Escucha otra vez y contesta a las preguntas.

1. ¿Quién es la persona más trabajadora?

2. ¿Quién viene a España todos los veranos?

3. ¿Cuál es la profesión de Peter?

4. ¿Qué relación tienen Despi y Ariadna?

5. ¿Quiénes hacen bromas en la clase?

6. ¿Quién trabaja en España?

13 📄 **DELE** Un amigo te escribe el siguiente correo electrónico porque necesita un objeto tuyo.

¡Hola! ¿Qué tal?

Te escribo porque en dos semanas voy a ir unos días a Londres y no encuentro mi guía. Creo que tú tienes una, ¿no? ¿Me la puedes dejar?

No sé qué planes tienes tú para las vacaciones. ¿Por qué no quedamos y me cuentas?

Un abrazo,

Jorge

Contesta a tu amigo en un correo de entre 60 y 70 palabras. Tienes que:

- Saludar.
- Explicar que no tienes lo que pide.
- Dar una alternativa.
- Proponer un día, una hora y un lugar para quedar.
- Hacer dos preguntas y despedirte.

ESTRATEGIAS PARA EL EXAMEN

Este ejercicio corresponde a la Tarea 1 de la Prueba 3. En ella tienes que escribir una postal, mensaje o correo electrónico personal en respuesta a un texto. Tienes que escribir entre 60 y 70 palabras.

- Lee bien el texto para saber a qué tienes que contestar.
- Lee las instrucciones. Es importante escribir sobre todos los aspectos.
- Sigue el orden de los aspectos para tener un texto coherente.
- Después de escribir, lee otra vez tu texto y fíjate si es correcto (terminaciones de los verbos y adjetivos, preposiciones…).

3 LA VIDA SECRETA DE LOS OBJETOS

C DE ACÁ PARA ALLÁ

14 Relaciona el país con sus costumbres, según la información del texto de la página 31 del libro del alumno.

1 En Venezuela…
2 En Argentina…
3 En España…
4 En Perú…
5 En México…
6 En Chile…

a ☐ se usa la palabra "mesero" para "camarero".
b ☐ se usa la forma de "usted" para hablar con los suegros.
c ☐ se hacen fiestas en casa.
d ☐ no es normal quejarse por el mal servicio de una tienda.
e ☐ se va bastante temprano a las discotecas.
f ☐ no se dice mucho "por favor" y "gracias".
g ☐ no se castellanizan las palabras inglesas.
h ☐ se da un beso para saludar a alguien.
i ☐ es normal ser impuntual.

15a Completa las frases con la construcción impersonal con *se*.

1 A media mañana y a media tarde *se hace* (hacer) una pausa para relajarse. En esa pausa, que se llama "fika", _____ (beber) un café y _____ (tomar) pasteles o algo salado.
2 No _____ (comer) con la mano izquierda porque es de mala educación.
3 El domingo es el día en que _____ (limpiar) las casas y "_____" (baldear) los suelos, es decir, _____ (echar) agua por todo el suelo para limpiarlos.
4 Después de ducharse es normal darse un baño para relajarse. Es muy importante lavarse bien antes del baño porque en una familia _____ (usar) la misma agua en la bañera. De esta forma no _____ (gastar) mucha agua.
5 Si te invitan a cenar o te ofrecen ayuda, _____ (decir) muchas veces que no y, al final, _____ (aceptar) la invitación o la ayuda.
6 Durante todo el día, _____ (beber) mucho té negro.

15b ¿De qué país crees que son las costumbres del apartado anterior? Escribe el número.

☐ Cuba   ☐ Marruecos
☐ Japón   ☐ Suecia
☐ Irán   ☐ Turquía

16 ¿Qué se hace en tu país en las siguientes situaciones?

1 Cuando se conoce a una persona en un ambiente informal, ¿cómo la saludas?
_____

2 Cuando se va a cenar a casa de unos amigos, ¿se lleva algo?
_____

3 Cuando alguien llega tarde, ¿cuánto retraso está permitido?
_____

4 En una conversación con amigos, ¿se interrumpe a la gente?
_____

17 Transforma los enunciados como en el ejemplo para tener frases que encontramos normalmente en carteles o anuncios.

Arreglamos pequeños electrodomésticos.
Se arreglan pequeños electrodomésticos.

1 Alquilamos bicicletas por horas o días.
_____
2 Compro diccionario de español en buen estado.
_____
3 Ofrezco clases de pintura.
_____
4 Buscamos a nuestro gato desaparecido.
_____
5 Intercambiamos películas y libros.
_____
6 Vendo violín a buen precio.
_____
7 Cuidamos plantas durante las vacaciones.
_____
8 Necesitamos personas para probar nuevos productos.
_____

LA VIDA SECRETA DE LOS OBJETOS 3

18a 🔊 35 Fernando, de México, y Ana, de España, viven en el extranjero y hablan de las diferencias con su país y de lo que echan de menos. Escucha la conversación y marca verdadero (V) o falso (F).

	V	F
1 Ana es nueva en el país.	☐	☐
2 A Ana no le gusta decir siempre "por favor" y "gracias".	☐	☐
3 Para Fernando es normal decir "por favor" y "gracias".	☐	☐
4 A Ana la gente del país de acogida le parece poco simpática.	☐	☐
5 Según Ana, a veces en España la gente no cumple lo que dice.	☐	☐
6 A Fernando le gusta la tranquilidad de los camiones*.	☐	☐
7 Además, a Fernando le gusta mucho la puntualidad.	☐	☐
8 Según Ana, la gente del país de acogida llega a las citas demasiado pronto.	☐	☐
9 A Ana no le gusta comer con pan, como se hace en España.	☐	☐
10 Según Fernando, lo normal es acostumbrarse a la comida del país de acogida.	☐	☐

* En México se dice "camión", en España, "autobús".

18b 🔊 35 Ahora escucha otra vez y corrige en tu cuaderno las frases falsas.

EN ACCIÓN

19 Lee esta entrada de un blog sobre un producto típico de Argentina y completa con las siguientes expresiones.

> En segundo lugar - Por eso - también - voy a hablar - En primer lugar - por ejemplo - Para terminar - pero

EL MATE

INICIO   NOTICIAS   BLOG   CONTACTO

¡Hola a todos! El tema del que **(1)** _____ hoy es un objeto muy importante en mi país: el mate.
(2) _____, quiero aclarar que la palabra "mate" se usa para dos cosas: para hablar de la bebida, **(3)** _____ también para hacer referencia al objeto que usamos para beberlo. La bebida se obtiene de una planta, la yerba mate, que se produce principalmente en Argentina y en Brasil. Esa planta se mezcla con agua caliente y se obtiene la bebida: esta es la forma tradicional, pero hay quien prefiere beber el mate con otros ingredientes, como **(4)** _____, con azúcar o con limón.
El objeto que usamos para beber el mate **(5)** _____ se llama "mate". Tradicionalmente, se obtiene de una calabaza, pero hoy en día la mayoría de argentinos tienen un mate de madera o de plástico.
(6) _____, quiero hablar de la importancia de esta bebida en Argentina. Para nosotros, no es una bebida más, es un acto social. Nos reunimos con nuestras familias y amigos para "matear", es decir, para tomar mates y hablar de nuestra vida, nuestros problemas… **(7)** _____ el mate es tan importante en nuestro país.
(8) _____, quiero animar a todos a probar el mate. Estoy segura de que en su comunidad hay algún argentino bebedor de mate. Es una tradición muy linda y, además, ¡está buenísimo!

ÚLTIMAS ENTRADAS:

junio (12)
mayo (9)
abril (24)
marzo (5)
febrero (18)
enero (4)

3 LA VIDA SECRETA DE LOS OBJETOS

20 Vas a preparar una presentación sobre un objeto típico de tu país. Completa el siguiente esquema con expresiones de la unidad y otras palabras. En algunos casos hay más de una opción posible.

Es típico...
- en el norte / en el sur / (1) _____ / (2) _____
- en todo el país
- en el interior / en la (3) _____
- solo en las zonas rurales / en las (4) _____

Es de...
- plástico
- madera
- (10) _____
- (11) _____
- (12) _____
- (13) _____

Sirve para...
- escribir
- dibujar
- (5) _____
- (6) _____

UN OBJETO TÍPICO DE...

Tengo uno/a porque...
- es práctico/a / útil / necesario/a
- me encanta
- no puedo vivir sin él / ella
- (14) _____

Es...
- ▲ triangular
- ■ (7) _____
- ▬ (8) _____
- ■ (9) _____

Los turistas...
- lo / la / los / las compran porque es / son muy...
- no lo / la / los / las compran porque no pueden usarlo/la/los/las

Y PARA ACABAR...

El objeto que es un tesoro para ti:

Un objeto importante que has perdido:

Una costumbre de tu país que (no) te gusta:

Información interesante de esta unidad:

4 TIEMPO DE OCIO

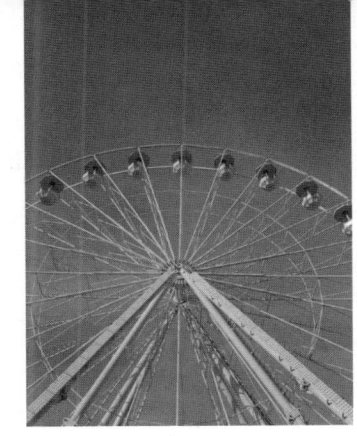

A MIS ÚLTIMAS VACACIONES

1 Elige el demostrativo correcto para cada frase. Fíjate en la concordancia y en el contexto.

1 **Esta / Este / Aquellas** es la casa rural donde hemos dormido.
2 Vamos a ir de viaje con **esas / aquellos / este** amigos de la universidad.
3 Puedes poner los billetes en **este / aquel / aquella** bolso de allí.
4 ¿Tienes **esas / esta / esos** fotos que te he mandado?
5 **Esta / Esa / Ese** de aquí es mi sobrina Martina.

2 🔊 36 Mira la imagen y completa el diálogo con los demostrativos correctos. Fíjate en la distancia entre las cosas y los chicos. Después escucha el diálogo y comprueba tus respuestas.

Rodrigo: ¿Qué tal, Cristian? ¿Has encontrado algo?

Cristian: Sí, me gusta (1) _____ jersey blanco de aquí, tengo que preguntar si hay mi talla.

Rodrigo: ¡Ah! ¡Sí, qué bonito! Pero (2) _____ verde me gusta más. Y quieres unos vaqueros, ¿no? ¿Has visto (3) _____ ?

Cristian: Sí, (4) _____ vaquero negro está bien. Me lo voy a probar. También he mirado (5) _____ gorras grises, ¿te gustan?

Rodrigo: No están mal, pero son mejores (6) _____ negras de allí.

Cristian: Bah, creo que no voy a comprar una gorra hoy. ¿Y tú? ¿Te interesa algo?

Rodrigo: Pues, necesito una camisa para la boda de mi hermana, y he mirado (7) _____ que están aquí. ¿Qué te parece (8) _____ ?

Cristian: ¡(9) _____ está muy bien! ¡Qué color más bonito! ¿Y cuánto cuesta?

Rodrigo: (10) _____ es el problema: es un poco cara… ¡Pero mi hermana solo se va a casar una vez!

4 TIEMPO DE OCIO

3 Elige la opción correcta: *de / que / Ø*.

Esta es una foto de mi familia. Mi madre es la **(1) de / que / Ø** la falda blanca. La **(2) de / que / Ø** tiene el pelo cortito es mi tía Esther. A su lado, el **(3) de / que / Ø** alto, es su marido, mi tío Ángel. Los **(4) de / que / Ø** juegan al fútbol al fondo son mis primos, Lucas, Erea y Simón. Mi prima Gloria es la **(5) de / que / Ø** la camiseta roja y el **(6) de / que / Ø** habla con ella es mi padre. Mis otras primas, Celia y Sandra, son las **(7) de / que / Ø** más pequeñas. La **(8) de / que / Ø** gafas, sentada a mi lado, es mi abuela.

4 Escribe frases para identificar a las personas de la foto. Usa las palabras del cuadro.

rubio/a - ~~camiseta a rayas~~ - tomar café
cazadora vaquera - pelo largo

Óscar: *el de la camiseta a rayas*
1 María: _____
2 Julia: _____
3 Álex: _____
4 Yadira: _____

5 📄 **DELE** Imagina que estás de viaje y escribes una entrada en tu diario de viaje de entre 70 y 80 palabras. Mira las fotos para tener ideas y escribe sobre:

- Dónde estás y con quién.
- La razón del viaje.
- Qué has hecho.
- Qué vas a hacer en los próximos días.
- ¿Te gusta el viaje? ¿Por qué?

ESTRATEGIAS PARA EL EXAMEN

Este ejercicio corresponde a la Tarea 2 de la Prueba 3. Esta tarea tiene dos opciones, este ejercicio corresponde a la opción B. Tienes que escribir un texto de 70 - 80 palabras a partir de unas fotos o textos muy breves. Tienes instrucciones sobre la información que debes incluir.

- Lee las instrucciones, mira las fotos / los textos y anota tus ideas sobre todos los puntos.
- Si no conoces el vocabulario para alguna foto, escribe sobre algo similar o relacionado.
- La estructura es importante, normalmente puedes seguir el orden de los puntos.
- También es importante escribir sobre todos los aspectos de las instrucciones.
- Al final, lee el texto y comprueba que la gramática es correcta: terminaciones de verbos y adjetivos, preposiciones…
- Asegúrate de que has escrito el número de palabras necesario.

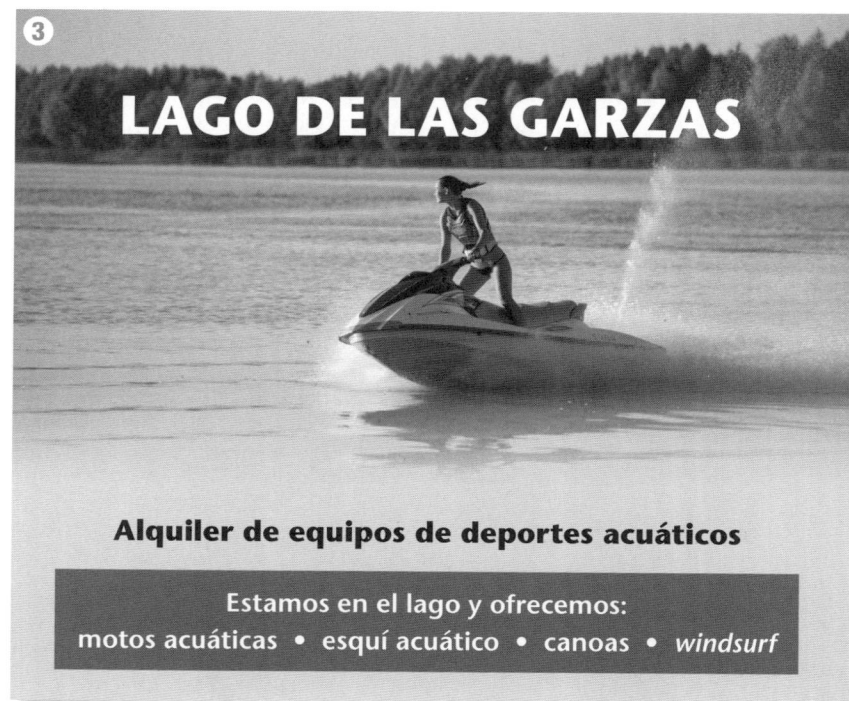

TIEMPO DE OCIO 4

6a Lee estas frases en alto. Fíjate en la entonación.

a Vives en Madrid, ¿verdad?
b ¿Dónde está Guatemala?
c Tu madre se llama María, ¿no?
d No tienes hijos, ¿no?
e ¿Cómo se llama tu hermana?
f ¿Cuántos hermanos tienes?

6b 37-42 Ahora escucha las respuestas y relaciona cada una con su pregunta.

1 ☐   4 ☐
2 ☐   5 ☐
3 ☐   6 ☐

> **¡Fíjate!**
>
> En las preguntas de confirmación, la entonación de la frase afirmativa es descendente y sube con la pregunta.
>
> *Tienes muchos primos, ¿verdad?*

B UN VERANO EN LA OFICINA

7 43 Vas a escuchar una conversación entre dos personas, Lidia y Raúl. Selecciona la imagen que corresponde a cada enunciado. Hay tres imágenes que no necesitas.

1 ☐ Lugar donde se encuentran Lidia y Raúl.
2 ☐ Plan de Raúl para las vacaciones.
3 ☐ Profesión de Lidia.
4 ☐ Lo que hace Lidia en el tiempo libre.
5 ☐ Lo que va a hacer Raúl un poco más tarde.

4 TIEMPO DE OCIO

8 ¿Qué actividades están haciendo estas personas este verano?

Están haciendo mucho deporte.

1 _____

2 _____

3 _____

4 _____

5 _____

6 _____

7 _____

9a Completa con la forma de gerundio que falta.

1 • ¿Y ya has encontrado piso?
  ▪ Todavía no. De momento estoy _____ (vivir) en casa de una familia.

2 • Hola, Inés. Llamo para ver cómo están los niños.
  ▪ Bien, bien, tranquilo, Ricardo. Ahora mismo están _____ (ver) una película y se están _____ (reír) mucho.

3 • ¿Y cuál está _____ (ser) el helado favorito del verano?
  ▪ Pues el favorito siempre es el de chocolate, pero este verano los clientes están _____ (pedir) mucho también el helado de melón.

4 • ¡Últimamente estoy _____ (dormir) fatal! ¡Tengo unos vecinos nuevos que hacen muchas fiestas!
  ▪ Vaya, ¡qué horror!

5 • ¿Qué estás _____ (comer)?
  ▪ Es un nuevo postre que ha hecho mi hermano. ¿Quieres probarlo?

6 • ¡No vais a venir en verano! ¿Pero qué me estás _____ (decir)! ¡No puede ser!
  ▪ Bueno, es que nos estamos _____ (comprar) una casa y vamos a tener que hacer unas reformas, por eso tenemos que quedarnos aquí.

9b Marca de qué tipo de acción hablan las frases de la actividad anterior.

A	Actividad temporal
B	Acción que ocurre mientras hablamos

		A	B
1	estoy viviendo	☐	☐
2 a	están viendo	☐	☐
b	se están riendo	☐	☐
3 a	está siendo	☐	☐
b	están pidiendo	☐	☐
4	estoy durmiendo	☐	☐
5	estás comiendo	☐	☐
6 a	estás diciendo	☐	☐
b	nos estamos comprando	☐	☐

Recuerda

Podemos usar **estar + gerundio** para:
- hablar de una situación temporal, no habitual: *Este verano estoy yendo a la piscina todos los días.*
- hablar de una acción que ocurre en el momento en que hablamos: *Laura no puede ponerse al teléfono porque está duchándose.*

TIEMPO DE OCIO 4

10 🔊 44-51 Escucha el audio y anota qué están haciendo las personas en este momento.

1 _____
2 _____
3 _____
4 _____
5 _____
6 _____
7 _____
8 _____

11 Piensa en cinco personas que conoces y escribe qué crees que están haciendo en estos momentos.

Creo que mis abuelos están viendo la tele.

C PLANES DE OCIO

12 Completa las frases con las siguientes palabras.

madrugada - ocio - espectáculo - encanto - proyectar - promoción - atracciones - infantil - programación - estación

1 Sin duda, el verano es mi _____ favorita del año: tengo más tiempo libre, puedo ir a la playa, disfrutar del buen tiempo, irme de vacaciones…

2 Hay muchos restaurantes de moda, pero yo prefiero los tradicionales, tienen más _____: el camarero te conoce, la comida es casera y la decoración es más auténtica.

3 Hola, Carlos, ¿te apetece venir a ese nuevo _____ de magia del mago Bob? He escuchado que es un *show* impresionante.

4 Mi hermana pequeña sale todos los fines de semana y vuelve a casa de _____, a las cuatro, las cinco… Yo no tengo tanta energía y prefiero quedarme en casa e irme a dormir pronto.

5 Esta noche van a _____ mi película favorita, *Amores perros*, en el cine de verano. Empieza a las diez, no nos la podemos perder.

6 ¡Qué bien! He encontrado una _____ especial en internet y he comprado las entradas con un 50 % de descuento.

7 No me gusta montar en las _____ porque van muy rápido y tengo miedo y dolor de cabeza. Prefiero un plan mucho más relajado, como pasear o ir al teatro.

8 Manuela, ¿vienes a tomar algo a ese nuevo restaurante que han abierto en la plaza? Tienen una zona _____ donde los niños pueden jugar mientras los adultos cenan y hablan tranquilamente.

9 Si no sabes qué hacer esta noche, puedes leer la guía del _____: una revista donde encuentras toda la información sobre las exposiciones de la ciudad, la _____ de los teatros, los horarios de los cines, etc. ¡Es básica para hacer planes!

4 TIEMPO DE OCIO

13 Lee la información sobre diferentes actividades y planes de ocio, y relaciónalas con los siguientes enunciados. Hay dos actividades que no necesitas.

1 ☐ No es necesario pagar por esta actividad.
2 ☐ No es la primera vez que se celebra esta actividad.
3 ☐ Se ofrece un lugar donde pasar la noche.
4 ☐ Es necesario tener una edad mínima para participar.
5 ☐ Es una actividad ideal para personas preocupadas por el medio ambiente.

OCIO EN VALENCIA

A CONCIERTOS DE MÚSICA CLÁSICA EN EL PARQUE MARAVILLAS
¿Tienes mucho calor por la noche? ¿No puedes dormir? Ven a la 3.ª edición del festival "Los clásicos de Maravillas", en el que puedes escuchar música en directo en un entorno natural. Cierra los ojos, respira y relájate con la música de Bach, Beethoven y Vivaldi. Hay conciertos todos los días de jueves a domingo, a las 22.00. Compra la entrada en internet o el día del concierto.

B ¡VEN A BAILAR SWING!
 ¿Te gusta bailar? ¿Sabes bailar salsa y flamenco y estás aburrido de estos bailes? Ven el domingo 25 de julio a las 11.00 de la mañana a la Plaza del Centro Cultural Lucero. No importa si no tienes experiencia, nuestros profesores van a estar allí para enseñarte las técnicas básicas. ¿Lo mejor? Esta clase es totalmente gratuita.

C PISCINA NATURAL EN EL RÍO
Por primera vez el Ayuntamiento ha limpiado una zona del río y ha creado unas piscinas de agua dulce. Si no quieres pasar tanto calor en la ciudad y quieres disfrutar de la naturaleza, ven a visitarnos. Las piscinas estarán abiertas de martes a domingo, de 10.00 a 20.00. La entrada cuesta 5 € por persona (3 € niños y carnet joven) e incluye el aparcamiento.

D INTERCAMBIO DE ROPA
 ¿Tienes tanta ropa que no tienes espacio en casa? ¿Compras y compras y nunca sabes qué ponerte? ¿Te preocupa adónde va tu ropa cuando la tiras a la basura? No te pierdas el próximo viernes el intercambio de ropa en Urbana. Trae la ropa que no usas más y cámbiala por ropa de los demás. Tu ropa va a tener una segunda vida y tú vas a ayudar al planeta.

E CATA DE CERVEZAS ARTESANALES
Si te gusta la cerveza y quieres descubrir más sobre el mundo de las cervezas artesanales (hechas a mano), ven al Cerve-bar el próximo martes a las 21.00. Vamos a descubrir las diferencias entre los diferentes tipos de cebada, vamos a ver el sistema de producción y, por supuesto, vamos a probar alguna cerveza y aprender cómo combinarlas con queso y otros alimentos. ¡Apúntate por internet antes del domingo! Solo mayores de 18.

F CURSO INTENSIVO DE CALIGRAFÍA
 La caligrafía, el arte de escribir bonito, es una técnica tradicional que está muy de moda en los últimos años. Si te interesa aprender a escribir con unas letras más bonitas, ven a este curso intensivo. Vamos a pasar un fin de semana en el campo escribiendo. El curso completo cuesta 200 € con alojamiento y desayuno incluido; solo el curso 120 €. Reserva ya en nuestra web: www.escribebien.com

G ESPECTÁCULO NOCTURNO DE MÚSICA Y LUCES
Las famosas fuentes de la Plaza Mayor ofrecen durante todo el verano un espectáculo de luz, color y sonido. Se van a proyectar luces de colores sobre las fuentes que, al ritmo de la música, van a convertir una simple noche de verano en un evento que no vamos a poder olvidar. Las entradas solo cuestan un euro y el dinero se va a utilizar para el mantenimiento de las fuentes.

TIEMPO DE OCIO 4

14 Ordena el siguiente diálogo.

- a Bueno, ¿y por qué no quedamos mañana, después de tu examen?
- b Bueno, pues a las ocho. ¡Hasta mañana!
- c Bien, bien. Oye, ¿te apetece tomar algo en el Jacarandá?
- d ¡Hola!, ¿qué tal?
- e Vale, perfecto.
- f Ay, ahora imposible, es que mañana tengo un examen y tengo que estudiar.
- g Es un poco pronto, quiero descansar después del examen. Mejor a las ocho.
- h ¡Adiós!
- i Entonces nos vemos mañana… ¿a las seis?
- j Todo bien, gracias, ¿y tú?

15 Relaciona las preguntas con las respuestas adecuadas.

1 ¿Te vienes a ver la nueva película de Cuarón?
2 Entonces, ¿nos vemos a las nueve en el restaurante?
3 ¿Te apetece venir a comer a casa este fin de semana?
4 ¿Por qué no estudiamos en la biblioteca esta tarde?
5 Entonces quedamos el domingo por la mañana, ¿no?
6 Bueno, entonces el viernes por la noche.

- a ☐ Sí, el domingo, ¡perfecto!
- b ☐ Genial, ¡nos vemos!
- c ☐ Ay, comer, imposible, ¿qué tal cenar?
- d ☐ ¡Lo siento! Es que ya la he visto.
- e ☐ Mejor a las ocho y media, así tomamos algo antes de la cena.
- f ☐ Lo siento, es que no me concentro bien, prefiero hacerlo en casa.

Recuerda

El verbo **quedar** se utiliza para expresar la acción de hacer planes con una persona y establecer un lugar y una hora de encuentro. El verbo **quedarse** es reflexivo y se utiliza para expresar que continuamos en un lugar, sin movernos:
*Hoy estoy muy cansado, por eso esta noche **me quedo** en casa viendo una película en el sofá y no **quedo** con mis amigos.*

16 Escribe una respuesta afirmativa (+) y una negativa (-) para estas invitaciones.

1 ¿Vamos este fin de semana a la playa?
+ _____
- _____

2 ¿Te apetece ir a ver la nueva exposición de la Biblioteca Nacional?
+ _____
- _____

3 ¿Por qué no vamos al zoo la semana que viene?
+ _____
- _____

4 ¿Qué tal si hacemos una excursión al campo?
+ _____
- _____

17 Mira la siguiente conversación de WhatsApp entre Sarah y Julio y continúa en tu cuaderno el diálogo.

• ¡Hola! ¿Te apetece ir a montar en bici?
▪ ¡Hola! Lo siento, imposible. Voy a comer a casa de mis abuelos.

treinta y tres 33

4 TIEMPO DE OCIO

EN ACCIÓN

18a Mira estas fotos y marca las tres que se refieren a los planes del texto de la página 40 del libro del alumno.

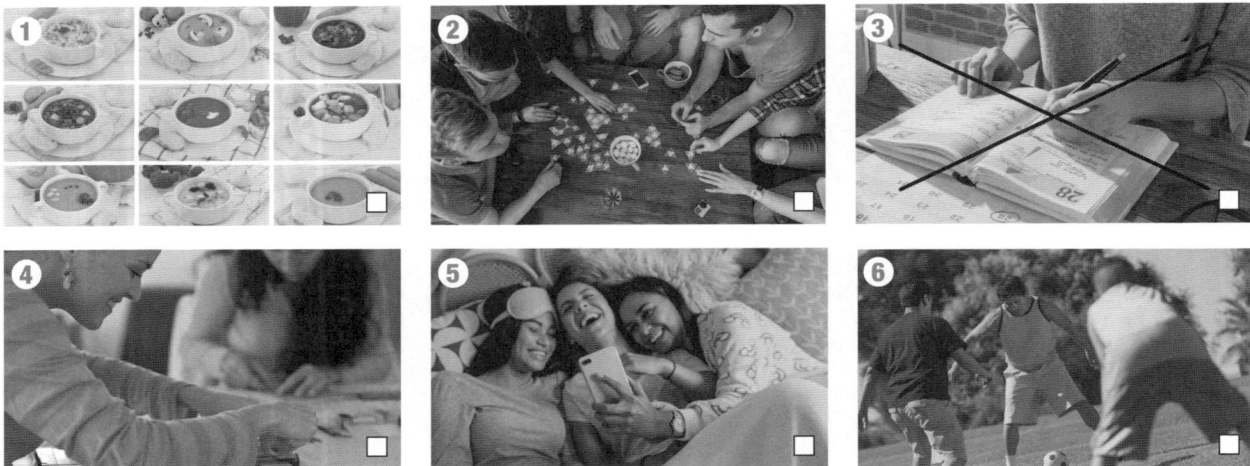

18b Describe en tu cuaderno los planes de las tres fotos que no están en el texto.

La foto… puede ser…

18c ¿Cuál de todos los planes te gusta más? ¿Por qué?

19 Relaciona las columnas para formar frases. Tienes ayuda para el vocabulario en el texto de la página 40 del libro del alumno.

1 Ana piensa que cumplir…
2 Solo podemos invitar a los amigos…
3 A veces quiero cambiar de ritmo de…
4 A Mariana le encanta dedicar…
5 Con Nico no se puede planear nada con…
6 Si quieres, quedamos para tomar…

a vida e irme a vivir al campo.
b años es una gran excusa para una fiesta.
c una copa en la Plaza Mayor.
d tiempo a trabajar en su jardín.
e cercanos a la cena de hoy.
f antelación porque su agenda siempre cambia.

Y PARA ACABAR…

Tu actividad favorita en verano:

Actividades de ocio que se pueden hacer en tu ciudad:

Personas con las que haces planes habitualmente:

Información interesante de esta unidad:

5 BIOGRAFÍAS

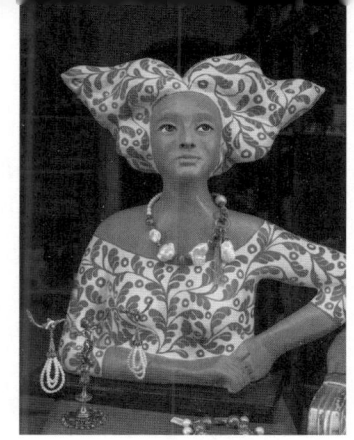

A MAYORES EN LA RED

1 Lee otra vez el artículo de la página 44 del libro del alumno y luego, sin mirar el texto, marca la persona o personas a las que corresponde la siguiente información.

	Kazue	Miroslav	Marina
1 Es famoso/a por sus vídeos.	☐	☐	☐
2 Practica su afición desde pequeño/a.	☐	☐	☐
3 Cambió su profesión.	☐	☐	☐
4 Es famoso/a por sus fotos.	☐	☐	☐
5 Empezó su afición con un regalo.	☐	☐	☐
6 Aprendió una lengua nueva.	☐	☐	☐
7 Fue a la universidad.	☐	☐	☐
8 Viajó o viaja mucho.	☐	☐	☐

2 Completa la tabla con las formas de indefinido que faltan.

	estudiar	casarse	volver	vivir	ir / ser	estar
yo	estudié				fui	
tú		te casaste		viviste		
él / ella / usted			volvió			estuvo

3a Completa esta conversación entre dos amigas con los verbos en pretérito indefinido.

Ana: Bueno, Letizia, entonces tú tienes tres lenguas maternas porque… tú
(1) _____ (nacer) en Argentina, ¿no?
Letizia: Bueno, en realidad, yo **(2)** _____ (nacer) en Sudán.
Ana: ¿De verdad? Pero no **(3)** _____ (crecer) allí, ¿no? ¿Cuánto tiempo **(4)** _____ (estar) en Sudán?
Letizia: Muy poco. A los dos años toda mi familia **(5)** _____ (irse) para Buenos Aires por el trabajo de mi papá. Yo **(6)** _____ (crecer) en la Argentina.
Ana: Ah, vale… ¿Y por qué hablas francés?
Letizia: Bueno, porque en Buenos Aires **(7)** _____ (ir) a la escuela francesa y allá todo es en francés.
Ana: Ah, ya entiendo… Pero, ¿y el italiano? ¿**(8)** _____ (estudiar) luego en Italia?
Letizia: No… En realidad **(9)** _____ (estudiar) en España y en Francia, pero hablo italiano ¡porque mis papás son italianos!
Ana: ¡Aaahh! Oye, ¡pero tú has vivido en muchos países!
Letizia: Sí, bueno, por el trabajo de mi papá, pero no siempre **(10)** _____ (ser) fácil, la verdad…

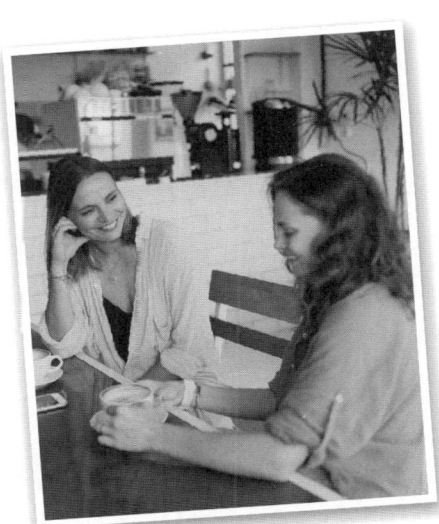

3b 🔊 52 Ahora, escucha la conversación y comprueba tus respuestas.

treinta y cinco 35

5 BIOGRAFÍAS

4a Relaciona cada pregunta con su respuesta. Una de las preguntas tiene dos opciones.

1. ¿Cuándo naciste?
2. ¿En qué año te fuiste a vivir a Chile?
3. ¿A qué edad te casaste con Juan Carlos?
4. ¿Desde cuándo vives en Turquía?
5. ¿De qué año a qué año trabajaste para la empresa Arpi?
6. ¿Cuándo empezaste a hacer surf? ¿El año pasado?

a. ☐ Desde 2018.
b. ☐ No, hace dos años.
c. ☐ El 26 de diciembre de 1971.
d. ☐ En 1991.
e. ☐ De 1992 a 1997.
f. ☐ A los 23 años.

¡Fíjate!

- **desde** + punto en el tiempo: *Vivo en Guayaquil desde 2015.* (Normalmente el verbo está en presente)
- **hace** + período de tiempo: *Me casé hace tres años.* (Normalmente el verbo está en pasado)

4b Ahora escribe tú preguntas para estas respuestas. Pregunta por el complemento de tiempo.

1. •_____
   ▪ Me fui allí con mi mujer en 2010.
2. •_____
   ▪ Pues empecé a los cinco años.
3. •_____
   ▪ Lo conocí hace diez años.
4. •_____
   ▪ Trabajé como periodista de 1979 a 1988.
5. •_____
   ▪ Subo fotos a la red desde 2015.
6. •_____
   ▪ Estuve en China después de los estudios.

5 Con ayuda de las notas escribe el resumen de la biografía de Adeline. Utiliza el indefinido. Tienes ya la última frase.

- nacer - diciembre de 1956 - cerca de Lyon (Francia)
- después del instituto - un año en Costa Rica - trabajar como voluntaria en un parque natural
- estudiar Biología Marina
- irse a trabajar a un centro de investigación en Sudáfrica
- conocer a su marido - estar casada cinco años - divorciarse
- 1994 - mudarse a Nueva Zelanda - trabajar
- 2006 - volver a Francia
- 52 años - abrir una tienda de productos sin plástico

Desde hace unos años es activa en las redes en la lucha contra la contaminación de los mares.

6 Imagina que tienes diez años más que ahora. Mira hacia atrás y escribe en tu cuaderno una pequeña biografía sobre ti. Habla de los momentos más importantes y también de cómo es tu vida "ahora".

BIOGRAFÍAS 5

B HÉROES ANÓNIMOS

7a Completa la tabla con las formas de indefinido de estos verbos regulares.

	estudiar	casarse	volver	vivir	salir
nosotros/as					
vosotros/as					
ellos / ellas / ustedes					

7b Y ahora completa esta tabla con las formas de estos verbos irregulares.

	estar	querer	poner	decir	venir
yo					
tú					
él / ella / usted					
nosotros/as					
vosotros/as					
ellos / ellas / ustedes					

8a Completa estas noticias sobre otros héroes anónimos.

empezar - escuchar - salir - salvar - volver - ir
llegar - preguntar - tener - ver - pensar - levantarse
saltar - acercarse - decir - perder - caerse - coger

perder - poder - aparecer - empezar - dejar - salir
intentar - salvar - mover - morir - caerse - llevar - quedar
desaparecer - rescatar - oír - decidir - encontrar

Raúl nunca va a olvidar ese 22 de mayo. "Aquel día, como todos los demás, (1) _____ de mi casa a las ocho de la mañana y (2) _____ al metro, para ir a trabajar. Cuando (3) _____ a la estación, (4) _____ que esperar cuatro minutos al próximo metro, así que (5) _____ a observar a la gente en el andén. Entonces, (6) _____ a una mujer cerca de mí esperando al metro y haciendo movimientos extraños. (7) _____ del banco un poco preocupado y (8) _____ a ella. Le (9) _____ si estaba bien y ella me (10) _____ que sí. Yo (11) _____ al banco y, de repente, la mujer (12) _____ el conocimiento y (13) _____ a las vías. En ese momento, (14) _____ el ruido del metro entrando en la estación. No me lo (15) _____ dos veces, (16) _____ a las vías, (17) _____ a la mujer y... ¡le (18) _____ la vida!".

El 23 de octubre de 2011 la tierra (1) _____ a moverse en Turquía. La gente (2) _____ corriendo a las calles, (3) _____ escapar, pero era muy tarde: era un terremoto. Muchos edificios (4) _____, cientos de personas (5) _____ atrapadas debajo de rocas y restos de edificios, las calles (6) _____ como consecuencia de un tsunami y, tristemente, miles de personas (7) _____. Los bomberos (8) _____ a muchas personas heridas bajo los restos, pero poco a poco, (9) _____ la esperanza y (10) _____ de buscar. Entonces los bomberos (11) _____ los ladridos de Yango, un perrito negro que (12) _____ de repente, y extrañados, (13) _____ seguirlo. Este los (14) _____ hasta un edificio completamente destrozado a las afueras de la ciudad. Los bomberos (15) _____ las rocas y, para su sorpresa, (16) _____ a un bebé llorando. Los bomberos no (17) _____ salvar a los padres, pero sí (18) _____ al bebé, que ahora comparte casa con Yango, el perrito negro.

treinta y siete 37

5 BIOGRAFÍAS

8b Escribe un titular para las noticias anteriores.

A _____

B _____

8c Escribe ahora en tu cuaderno una noticia similar sobre otro héroe anónimo.

9a Imagina que hoy es 12 de diciembre de 2018. ¿A qué momento de tiempo corresponden estas expresiones?

Hace tres meses: *12 de septiembre de 2018*

1 Hace cinco años: _____
2 El mes pasado: _____
3 El verano pasado: _____
4 A finales del año pasado: _____
5 Al mes: _____
6 Unas semanas después: _____
7 Ayer: _____

9b Ahora escribe una frase con tu información personal y estas expresiones de tiempo.

Hace cinco años *visité Marruecos con mi familia.*

1 El mes pasado _____.
2 _____ hace dos semanas.
3 A principios de este año _____.
4 _____ anteayer.
5 En mayo _____.
6 _____ la semana pasada.

10a 🔊 53 Escucha estas palabras y señala la sílaba tónica. Ojo, faltan los acentos.

- empezamos
- encontro
- compro
- hice
- rapido
- estudio

10b Explica por qué las palabras anteriores necesitan acento o no. Si llevan acento, escríbelo.

1 La palabra "empezamos"…
  a no lleva acento porque es una palabra aguda terminada en -s.
  b no lleva acento porque es una palabra llana terminada en -s.
  c lleva acento porque es una palabra esdrújula.
2 La palabra "hice"…
  a no lleva acento porque es una palabra llana terminada en vocal.
  b lleva acento porque es una palabra aguda terminada en vocal.
  c lleva acento porque es una palabra esdrújula.
3 La palabra "encontro"…
  a lleva acento porque es una palabra esdrújula.
  b no lleva acento porque es una palabra llana terminada en vocal.
  c lleva acento porque es una palabra aguda terminada en vocal.
4 La palabra "rapido"…
  a lleva acento porque es una palabra llana terminada en vocal.
  b lleva acento porque es una palabra esdrújula.
  c lleva acento porque es una palabra aguda terminada en vocal.
5 La palabra "compro"…
  a lleva acento porque es aguda terminada en vocal.
  b lleva acento porque es esdrújula.
  c no lleva acento porque es llana terminada en vocal.
6 La palabra "estudio"…
  a lleva acento porque es aguda terminada en vocal.
  b lleva acento porque es esdrújula.
  c no lleva acento porque es llana terminada en vocal.

¡Fíjate!

Las formas de "yo" y "él / ella / usted" en el pretérito indefinido de los verbos regulares son palabras agudas (*yo com**pré**, él le**yó**, usted vi**vió***), pero las de los verbos irregulares son palabras llanas (*yo **hi**ce, ella **tu**vo, usted **vi**no*).

C ¿QUÉ TAL UN CONCURSO?

11 ¿Qué han hecho estas personas? Une los nombres con las frases que les corresponden. Busca la información en internet si es necesario.

1 Gabriela Mistral
2 Nadia Comăneci
3 Carlos Santana
4 Sergio García
5 Charles Dickens
6 Penélope Cruz

a Ha ganado un Óscar.
b Escribió *Oliver Twist* en 1838.
c Ha hablado ante las Naciones Unidas.
d Recibió un Nobel de Literatura.
e Compitió contra Tiger Woods a los 19 años.
f Ha vendido más de 90 millones de discos en su carrera.

BIOGRAFÍAS 5

12a Clasifica estas expresiones según el tiempo verbal más común para usarlas.

> hoy - el año pasado - en 2004 - en mi vida - a lo largo del mes - ayer - este año - el mes pasado

Pretérito perfecto: _____
Pretérito indefinido: _____

12b Elige cuatro expresiones de las anteriores y escribe frases sobre ti.

_____
_____
_____
_____

13 ¿Qué hizo / ha hecho Julio? ¿Y Tomás y Claudia? Mira las fotos y forma frases relacionando las expresiones temporales con las acciones en el tiempo correcto (pretérito indefinido o pretérito perfecto).

La semana pasada	ir de vacaciones
Ayer	ver una película
Este fin de semana	visitar un castillo
En el viaje	cocinar en la barbacoa
Este verano	hacer una fiesta
El mes pasado	hacer muchas fotos
El primer día	comer palomitas
Hoy	comer helado

JULIO

TOMÁS Y CLAUDIA

14 Escribe los verbos en el tiempo correcto.

El *Guernica*, que muestra la violencia de la guerra civil española, es probablemente la obra más famosa de Pablo Picasso. A lo largo de su existencia el cuadro **(1)** _____ (estar) en muchos países, como Francia, Inglaterra, Italia, Brasil, Estados Unidos y España. Picasso lo **(2)** _____ (pintar) en 1937; lo **(3)** _____ (crear) para la Exposición Internacional de París. Después de la exposición, el *Guernica* **(4)** _____ (viajar) por muchos países de Europa y América. En los años 40 la obra **(5)** _____ (ir) a Nueva York y **(6)** _____ (permanecer) en el Museo de Arte Moderno durante muchos años, pero en ese momento Picasso **(7)** _____ (decir): "El *Guernica* va a volver a España con la democracia". En 1981, **(8)** _____ (llegar) a España y desde 1992 hasta ahora miles de visitantes **(9)** _____ (poder) verlo en el Museo Reina Sofía de Madrid. El cuadro **(10)** _____ (despertar) y despierta admiración en todos los que lo ven.

5 BIOGRAFÍAS

15a DELE Lee la biografía de Rigoberta Menchú y marca en cada caso la respuesta correcta.

RIGOBERTA MENCHÚ

Rigoberta Menchú es una activista de Guatemala que lucha por los derechos de los indígenas y que en 1992 ganó el premio Nobel de la Paz.

Nació en 1959 en una familia campesina de la
(5) etnia maya-quiché. A los cinco años empezó a trabajar con sus padres en el campo para las familias poderosas tradicionales del país; después, en la adolescencia, trabajó también como empleada doméstica.

En su infancia y juventud vivió la pobreza, la discriminación racial y la re-
(10) presión violenta de las clases dominantes contra los campesinos. Durante el gobierno militar de Fernando Romeo Lucas García (1978-1982), sufrió la muerte de sus padres y uno de sus hermanos, torturados y asesinados.

Dos de sus hermanas se fueron a la guerrilla, pero Rigoberta Menchú empezó su lucha pacífica por la justicia social y el respeto a los derechos
(15) de los indígenas, con especial atención a la situación de la mujer indígena en Hispanoamérica.

Para escapar a la represión, se marchó a México y en 1983 publicó su autobiografía, *Me llamo Rigoberta Menchú y así me nació la conciencia*. En este libro contó su historia personal y la de su comunidad indígena
(20) a la antropóloga Elizabeth Burgos; la obra incluye sus reflexiones sobre el proceso que han sufrido los pueblos indígenas, que han perdido gran parte de su identidad cultural.

En los años siguientes, Rigoberta Menchú viajó por el mundo con su mensaje y habló en las Naciones Unidas.

(25) Por su labor, Rigoberta Menchú ganó el premio Nobel de la Paz en 1992. Ella fue la segunda guatemalteca en recibir un Nobel (el primero fue Miguel Ángel Asturias, de Literatura). Con el dinero, Rigoberta Menchú abrió la Fundación Rigoberta Menchú, primero en México y luego en Guatemala. Menchú actuó como mediadora en el proceso de paz entre el Gobierno y
(30) la guerrilla, que terminó con acuerdos de paz en el año 1996. Desde entonces, ha trabajado activamente en el regreso de los exiliados de la guerra a sus lugares de origen. En 1998 publicó *La nieta de los mayas*, libro que ayuda a comprender la idiosincrasia indígena guatemalteca; ese año también le dieron el premio Príncipe de Asturias de Cooperación Internacional.

Adaptado de *www.biografiasyvidas.com*

1. La familia de Rigoberta Menchú…
   a es una familia poderosa de Guatemala.
   b es una familia indígena.
   c vivió en la ciudad.
2. Durante el gobierno militar en Guatemala…
   a Rigoberta Menchú vivió con la guerrilla.
   b sus padres murieron.
   c escribió un libro.
3. Rigoberta Menchú…
   a lucha por los derechos de los indígenas.
   b lucha por la protección de la naturaleza.
   c luchó en la guerrilla.
4. Rigoberta Menchú…
   a recibió un premio Nobel por su libro *Me llamo Rigoberta Menchú y así me nació la conciencia*.
   b escribió *Me llamo Rigoberta Menchú y así me nació la conciencia* en Guatemala.
   c contó en *Me llamo Rigoberta Menchú y así me nació la conciencia* la historia de su vida.
5. Con el dinero del premio Nobel…
   a creó una fundación.
   b ayudó a su familia.
   c viajó por todo el mundo.
6. La activista guatemalteca…
   a ha sido mediadora en el proceso de paz con las guerrillas.
   b ha trabajado en el Gobierno de Guatemala.
   c trabaja en las Naciones Unidas.

ESTRATEGIAS PARA EL EXAMEN

El ejercicio **15a** corresponde a la Tarea 4 de la Prueba 1. Tienes que leer un texto y contestar seis preguntas con tres opciones.
- Lee el texto para tener una idea general. No tienes que comprender todas las palabras.
- Después lee las preguntas y busca en qué parte del texto están las respuestas.
- Quizás la respuesta no aparece con las mismas palabras, pero tienes que buscar la misma idea expresada con sinónimos o palabras similares.
- Si la respuesta no está clara, piensa qué respuestas no son correctas.
- Al final revisa todas las respuestas.

15b Busca en el texto las palabras que corresponden a estas definiciones.

1 Persona que vive y trabaja en el campo.
2 Que tiene su origen en el país del que se habla.
3 Esfuerzo que se hace en contra de algo para conseguir un objetivo.
4 De Guatemala.
5 Salir de una mala situación.

EN ACCIÓN

16a 🔊 54-62 **En un programa de radio de entrevistas hablan con un biógrafo. Escucha las respuestas y relaciona cada una con las preguntas o comentarios que ha hecho la entrevistadora. Tienes ya la última respuesta.**

a Buenas noches, queridos amigos. Bienvenidos a "Personas que dan que hablar". Esta noche está conmigo en el estudio un hombre que se dedica a algo muy especial: escribe biografías. Christian Duelli, bienvenido. Gracias por estar aquí con nosotros. [1]

b ¿Y cómo funciona el proceso? ¿Cuáles son los pasos hasta tener la biografía? ☐

c Con esa procedencia tan especial, no me sorprende tu profesión. Christian, tú escribes biografías, ¿verdad? Pero no de famosos, sino de personas que no todos conocemos... ☐

d Pero, Christian, dinos, ¿qué tipo de personas son tus clientes? ¡Porque me imagino que no todo el mundo puede pagar a alguien como tú para escribir su biografía! ☐

e ¿Y luego ese libro se publica y se vende en las librerías? ☐

f Antes de nada, Christian, tengo curiosidad por tu nombre: Christian Duelli. ¿De dónde viene ese nombre tan original? ☐

g Es decir, que das a la gente las herramientas para escribir... Oye, ¿y cómo empezaste tú a hacer este trabajo? Porque creo que estudiaste Economía y trabajaste en el mundo del turismo, ¿no? ☐

h Claro... Y después de las entrevistas, con el material que tienes, escribes el libro, ¿no? ☐

i Me imagino que esas personas, tus clientes, tienen que tener mucha confianza en ti. ☐

j ¡Qué bonito! Christian, muchísimas gracias por estar hoy aquí con nosotros. Y, queridos amigos, ya sabéis, empezad a tomar nota de vuestros recuerdos y los momentos importantes de vuestra vida. Como dice Christian Duelli, conocer nuestro pasado tiene un gran valor.

16b 🔊 63 **Escucha ahora la entrevista completa y marca verdadero (V) o falso (F). Corrige en tu cuaderno la información falsa.**

	V	F
1 La familia del entrevistado es española.	☐	☐
2 Christian escribe biografías de personas no conocidas.	☐	☐
3 Christian piensa que los famosos tienen una historia interesante.	☐	☐
4 Christian puede trabajar con todas las personas.	☐	☐
5 Los clientes de Christian no quieren contar su vida al gran público.	☐	☐
6 Muchos clientes de Christian tienen una empresa.	☐	☐
7 Christian escuchó muchas historias de sus abuelos.	☐	☐
8 La entrevistadora quiere escribir su biografía.	☐	☐

Y PARA ACABAR...

Dos personas interesantes que conoces:

Una persona a la que admiras:

Una persona famosa a la que te gustaría conocer personalmente:

Información interesante de esta unidad:

6 GASTRONOMÍA

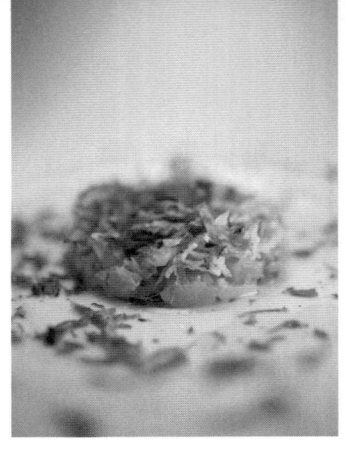

A HÁBITOS SALUDABLES

1a Lee los siguientes hábitos y marca cuáles son saludables.

1 ☐ Tomar dos o tres refrescos al día.
2 ☐ Reducir el consumo de azúcar.
3 ☐ Comer siempre aproximadamente a la misma hora.
4 ☐ Comer muchos alimentos procesados, como galletas o patatas fritas.
5 ☐ Evitar la carne roja, como la de cerdo o ternera.
6 ☐ Tomar siempre primer plato, segundo plato, pan y postre.

1b Escribe otros tres hábitos saludables.

_____
_____
_____

2 Completa con el verbo o sustantivo adecuado.

	Sustantivo	Verbo
1	el desayuno	
2		almorzar
3	la comida	
4	la merienda	
5		cenar

¡Fíjate!
En español tenemos verbos para hablar de cada comida, así que no decimos *comer la cena o *comer el desayuno, sino cenar o desayunar.

3 ¿Qué alimento no está relacionado? ¿Por qué?

1 pollo - salmón - pavo - jamón
2 fresa - plátano - naranja - queso
3 aceite - vino - café - agua
4 queso - leche - zanahoria - mantequilla
5 pimiento - brócoli - champiñón - frutos secos
6 quinoa - manzana - maíz - arroz

4a Lee estas descripciones sobre diferentes dietas y relaciona el nombre de cada una con el texto correspondiente. Los huecos no son importantes.

> dieta crudívora - dieta vegana
> dieta paleo - dieta flexitariana

A _____
Los defensores de esta alimentación comen los mismos alimentos que el hombre del Paleolítico hace unos 10 000 años, es decir, no comen **(1)** _____ alimentos procesados. Su dieta se basa en el consumo de fruta, carne, verdura, pescado y cereales. Lo positivo de esta dieta es que se comen **(2)** _____ frutas y verduras, pero los nutricionistas dicen que se consume **(3)** _____ carne roja, lo que puede provocar enfermedades.

B _____
Para muchos, este tipo de alimentación es más que una dieta, es también un estilo de vida. Estas personas no comen **(4)** _____ alimentos animales, ni lácteos, ni carne, ni huevos… Lógicamente, comen **(5)** _____ verduras y, a veces, **(6)** _____ alimentos alternativos como tofu o soja. Lo positivo de esta dieta es que evita la explotación de los animales, pero, por el contrario, muchos de sus seguidores no consumen **(7)** _____ vitaminas; especialmente, tienen falta de vitamina B12.

GASTRONOMÍA 6

4b Completa los textos con los cuantificadores. Puede haber más de una opción.

nada de
un poco de
bastante
bastantes
demasiada
mucho
mucha
muchos
muchas

C _____
Las personas que llevan esta dieta comen (8) _____ todo, pero especialmente no comen (9) _____ carne ni (10) _____ pescado. Por el contrario, comen (11) _____ frutas y verduras, pero suelen adaptar su dieta a las circunstancias. Para muchos, es el primer paso antes de pasar a una dieta completamente vegetariana. Muchos critican esta dieta porque todavía se come (12) _____ carne, pero, en general, es (13) _____ equilibrada.

D _____
Esta alimentación defiende el consumo de alimentos crudos, es decir, las personas que siguen esta dieta no comen (14) _____ comida cocinada. Por el contrario, consumen (15) _____ cereales, semillas, verduras y frutas. Algunos también beben (16) _____ leche. Lo positivo de esta dieta es que se evitan los conservantes y aditivos, pero también puede ser peligrosa porque podemos tener más infecciones con los alimentos crudos.

5 Mira la lista de la compra de Jorge y escribe seis frases como en el ejemplo.

Jorge compra bastantes galletas.

Comprar:
- 2 paquetes de galletas
- 5 kilos de arroz
- 3 latas de atún
- 1 bote de kétchup
- 3 botellas de vino tinto
- 6 hamburguesas de pavo
- Pan de hamburguesas
- 1 pack de yogures
- 1 plátano

_____
_____
_____
_____
_____
_____

6 Transforma las frases como en el ejemplo usando *soler* + infinitivo o *normalmente*.

Normalmente desayuno entre las siete y las siete y media.
Suelo desayunar entre las siete y las siete y media.

1 Mis padres duermen poco y por eso suelen tomar dos o tres cafés al día. _____

2 Normalmente evito cenar pasta y carne, prefiero cenas más ligeras. _____

3 ¿Qué sueles desayunar? _____

4 Marta y yo normalmente compramos la fruta y la verdura en un mercado ecológico. _____

5 Los alimentos procesados suelen tener mucha sal y muchas grasas. _____

6 Fran no suele tomar alcohol, solo una cerveza los fines de semana. _____

cuarenta y tres 43

6 GASTRONOMÍA

7 DELE Vas a preparar una pequeña presentación sobre los hábitos de alimentación de tu país. Grábate con el móvil y luego escucha. Repite la grabación para mejorar.

Hábitos de alimentación en tu país
- ¿La gente de tu país tiene en general una alimentación saludable? ¿Por qué?
- ¿Cuáles son los alimentos más frecuentes en tu país? ¿Qué comidas se consumen menos?
- ¿Cuál es la comida más importante del día?
- ¿Hay muchos veganos / vegetarianos / flexitarianos…?
- ¿Tu alimentación es similar a la del resto de personas?

ESTRATEGIAS PARA EL EXAMEN

Este ejercicio corresponde a la Tarea 1 de la Prueba 4. Tienes que hablar 2 - 3 minutos sobre algún aspecto de tu vida cotidiana. En el examen eliges un tema entre dos opciones y hay preguntas para ayudarte a preparar la presentación. Tienes 12 minutos para preparar la prueba de expresión e interacción orales. En esta tarea, el entrevistador no habla.
- Piensa ideas sobre las preguntas y toma notas.
- Sigue el orden de las preguntas para hacer una presentación estructurada.
- Durante el examen, habla libremente, no puedes leer las notas.
- Puedes hablar sobre otros aspectos relacionados con el tema, no solo sobre las preguntas.
- Antes del día del examen practica a hablar 2 o 3 minutos con y sin un reloj, para tener una mejor idea del tiempo.

B A COCINAR

8 Señala si las siguientes palabras son preparaciones (P), alimentos (A) u objetos de cocina (O).

- [P] molido
- [ ] aceite de girasol
- [ ] sartén
- [ ] rallado
- [ ] bol
- [ ] frito
- [ ] plato
- [ ] vinagre
- [ ] diente de ajo
- [ ] miga de pan
- [ ] taza
- [ ] cocido

9 Completa la tabla con los verbos y los adjetivos que faltan.

	Verbo	Adjetivo
1		frito/a
2	cocer	
3		rallado/a

	Verbo	Adjetivo
4	moler	
5		relleno/a
6	tostar	

10a 🔊 64 Escucha a esta cocinera y escribe números del 1 al 9 para indicar el orden en que menciona los ingredientes.

	Orden	Ingrediente	Cantidad
a		leche	
b		leche condensada	
c		extracto de vainilla	
d		arroz blanco	
e		canela	4 ramas
f	1	agua	
g		sal	una pizca
h		azúcar	
i		mantequilla	

10b 🔊 64 Escucha otra vez y escribe en la tabla anterior las cantidades que usa.

10c Completa ahora las instrucciones con los verbos en la forma del imperativo de *usted*.

1. En una olla, _____ (poner) dos tazas de agua y cuatro ramas de canela, _____ (hervir) durante diez minutos.
2. Después de diez minutos, _____ (sacar) las ramas de canela.
3. _____ (echar) una taza de arroz en el agua de canela y _____ (cocer) cinco minutos a fuego medio.
4. A continuación, _____ (añadir) una pizca de sal, dos cucharadas de mantequilla y una cucharada y media de extracto de vainilla y _____ (mezclar) bien.
5. Después, _____ (añadir) dos tazas de leche y una de azúcar, y _____ (cocinar) sin tapar durante quince minutos aproximadamente.
6. _____ (agregar) dos tazas más de leche y una taza y media de leche condensada.
7. Luego _____ (enfriar) el arroz con leche en la nevera una hora o toda la noche.
8. _____ (servir) muy frío.

UNA RAMA DE CANELA

GASTRONOMÍA 6

11 María Jesús pide consejo a su amiga Alicia. Completa el diálogo con las formas del imperativo de *tú*.

Alicia: ¡Hola, María Jesús! ¿Qué tal todo?
María Jesús: ¡Hola! Bien… Bueno, no sé, últimamente no me siento muy bien. Creo que tengo que cambiar mis hábitos para vivir de forma más saludable, ¡pero no sé por dónde empezar!
Alicia: ¡Es una idea estupenda! Si quieres, te puedo ayudar…
María Jesús: Sí, ¡por favor!
Alicia: Bueno, lo primero, **(1)** _____ (pensar) en no más de cuatro objetivos y **(2)** _____ (hacer) una lista con acciones específicas. Por ejemplo, **(3)** _____ (escribir): "Hacer treinta minutos de ejercicio cuatro veces por semana".
María Jesús: ¡Ah! Claro, así es más concreto. ¿Y qué puedo hacer para comer más sano?
Alicia: Es importante la planificación. **(4)** _____ (buscar) en internet un plan semanal con comidas sanas que te gustan, **(5)** _____ (ir) a la tienda con la lista de todo lo que necesitas y **(6)** _____ (comprar) solo lo que tienes en la lista.
María Jesús: Ya, ese plan suena muy bien, pero luego no tengo tiempo para cocinar… Llego a casa con hambre y es más fácil pedir una *pizza*.
Alicia: Si durante la semana no tienes tiempo, **(7)** _____ (cocinar) varios platos el fin de semana, **(8)** _____ (poner) todo en la nevera o el congelador y, durante la semana, **(9)** _____ (sacar) cada mañana un táper con la comida para el día.
María Jesús: ¡Eso sí lo puedo hacer! ¡Muchas gracias por tus ideas!
Alicia: ¡De nada! Y **(10)** _____ (tener) paciencia, cambiar los hábitos no es un proceso rápido, pero seguro que lo vas a conseguir.

> **Recuerda**
> En español podemos usar el imperativo para dar instrucciones, consejos u órdenes, para invitar o para pedir algo.

LOS TÁPERS

12a Sustituye las palabras en negrita por pronombres de objeto directo. Cuidado con las tildes.

1 Haz **la receta** siguiendo mis instrucciones.
_____
2 Añade **las dos cucharadas de mantequilla**.
_____
3 Mezcla **los ingredientes** bien.
_____
4 Cocina **la masa** durante quince minutos.
_____
5 Pon **el bol** en la nevera.
_____
6 Sirve **el arroz con leche** muy frío.
_____

12b ¿En qué verbos has escrito una tilde? ¿Por qué?
_____
_____

C EXPERIENCIA GASTRONÓMICA

13 Lee las definiciones y completa el crucigrama con vocabulario de las páginas 56-57 del libro del alumno.

1 Cualidad de un producto que viene directamente del mercado.
2 Forma de poner la comida en los platos.
3 Persona que muestra un lugar y da información sobre él.
4 Grupo de personas que atiende al cliente en un restaurante.
5 Lugar pequeño y apartado.
6 Muebles y elementos de adorno de una casa o local.
7 Arte de preparar una buena comida o afición a comer bien.

6 GASTRONOMÍA

14 DELE Lee estos ocho anuncios y selecciona la opción correcta para cada pregunta.

1

Santiago(é)tapas

Todos los amantes de la buena cocina pueden gozar, del 13 al 30 de noviembre, de las mejores tapas en los bares de Santiago de Compostela.
La ciudad acoge el XI Concurso Santiago(é)tapas, una iniciativa que tiene como fin promover nuestra gastronomía a través de estos pequeños pero exquisitos platos. El público puede votar su tapa favorita en los posavasos especiales del concurso.

Extraído de *www.santiagoetapas.com*

1 Santiago(é)tapas es una iniciativa que…
   a invita al público a preparar sus mejores tapas.
   b invita al público a conocer platos pequeños.
   c invita al público a elegir las mejores tapas.

2 ¡Cocineras y cocineros de todos los rincones del planeta!

¡Queremos crear un mapa gastronómico del mundo! ¿Te gusta cocinar? ¿Tienes una buena receta de un plato o bebida típica de tu zona? ¡Pues haz un vídeo y súbelo a nuestra página web! No olvides subir también tu ubicación. Con el material que nos enviéis, vamos a ir creando un mapa interactivo de recetas. Encontrarás más información en nuestra página www.mapagastronomico.org.

2 Para participar en el proyecto…
   a hay que grabar un vídeo.
   b hay que viajar por el mundo.
   c hay que saber geografía.

3 ALIMMENTA
Tu clínica de nutrición

Cada persona es diferente: horarios, costumbres, situación familiar, nuestros gustos con las comidas, historial médico, edad y metabolismo… ¿Por qué una misma dieta para todos? En Alimmenta decimos SÍ a la personalización en todos los ámbitos.

Alimmenta, dietistas nutricionistas:
- somos especialistas en el cambio de hábitos;
- acordamos contigo los objetivos a alcanzar;
- trabajamos con alimentos, NO con suplementos;
- te acompañamos durante toda la dieta;
- un equipo multidisciplinar a tu servicio.

Extraído de *www.alimmenta.com*

3 En Alimmenta…
   a ofrecen ayuda para preparar alimentos saludables.
   b creen que cada persona necesita una dieta diferente.
   c proponen cambiar de hábitos y seguir una dieta.

4 Curso de cocina para solteros

Conoce a otros interesados en el mundo de la gastronomía en un ambiente distendido… y delicioso. Aprovecha la oportunidad de conocer a gente mientras pelas patatas, cortas verdura o fríes queso.
En pequeños grupos prepararemos un menú de tres platos de temporada. ¡Déjate inspirar! Cocina ligera, ingredientes de primera y un sabor delicioso. Por supuesto, después del trabajo disfrutaremos nuestro menú acompañado de una buena selección de vinos en un ambiente agradable.

4 En este curso se cocina…
   a comida vegetariana.
   b de manera individual.
   c comida típica de la época del año.

5

CASA SOLE
tu tienda de menaje

Desde su fundación hace 20 años, en Casa Sole tenemos una pasión: la cocina y el buen comer. En nuestra tienda encuentras todo lo necesario para cocinar platos deliciosos y poner una mesa para disfrutar de la buena comida. Ollas, fuentes, manteles, vasos… Todo con un diseño práctico y moderno y una calidad excelente.
Para celebrar nuestro 20º aniversario invitamos el primer sábado de cada mes a un curso de cocina en nuestra tienda. ¡Ven a celebrarlo con nosotros!

5 Los cursos de cocina de Casa Sole se celebran…
   a todos los meses.
   b todos los sábados.
   c el día 20 de cada mes.

GASTRONOMÍA 6

6

Cata de queso y vino

Disfrute de la armonización de queso y vino: le presentamos dieciocho tipos de queso, todos elaborados de manera artesanal y madurados en nuestra bodega.
En nuestro maravilloso viaje por el mundo del queso y el vino le presentamos quesos de toda Europa, siempre acompañados del vino adecuado.
La cata incluye una caja degustación para seguir disfrutando en casa.

Jueves 10 de octubre, de 19:00 a 21:30, en nuestra Quesería Rino, c/ Primavera 68.
89 euros/persona.

Extraído de *www.toelzer-kasladen.de*

6 La cata de queso y vino…
  a presenta quesos de todo el mundo.
  b incluye una visita a la bodega.
  c tiene lugar en otoño.

7

Street-food fest

¿Has probado los deliciosos baos con pollo taiwaneses? ¿O el pollo al estilo sureño? ¿A qué esperas? Este viernes y sábado te esperamos delante del estadio de fútbol con el *Street-food fest*. Vas a poder probar una amplia oferta gastronómica internacional y escuchar música en directo. La entrada cuesta 15 € e incluye tres platos. Si compras la entrada por internet, hay una promoción con la que solo pagas 12 €.

8

Teletáper

¿Llegas cansado a casa y no quieres cocinar? ¿No tienes nada en la nevera? ¿Estás cansado de comer todos los días el mismo bocadillo? Regístrate en teletáper y recibe cada semana tápers con comida casera, sana y variada. Consulta toda la información sobre ingredientes, calorías, dietas especiales, etc. Y si nos recomiendas a tus amigos, puedes recibir descuentos.

ESTRATEGIAS PARA EL EXAMEN

Este ejercicio corresponde a la Tarea 2 de la Prueba 1. Tienes que leer ocho textos cortos y contestar a una pregunta con tres opciones sobre cada texto.
- Lee el texto de forma general para saber de qué trata.
- Lee la pregunta y fíjate en las diferencias entre las distintas opciones.
- Busca en el texto las frases que hacen referencia a las opciones de respuesta y compara texto y opciones para saber cuál es la correcta.
- Intenta responder cada pregunta antes de pasar al siguiente texto.

7 Si compras la entrada antes del festival,…
  a puedes comer tres platos por 15 €.
  b pagas un precio reducido.
  c recibes un postre de regalo.

8 Con Teletáper…
  a vas a comer comida diferente cada día.
  b vas a comer bocadillos caseros.
  c vas a comer comida baja en calorías.

15 Marca la forma del verbo correcta.

1. Me **gusta / gustan** probar los productos típicos de los lugares que visito.
2. Rosi y Helena fueron a un curso para aprender a hacer pan y les **pareció / parecieron** fantástico. Ahora a Rosi le **encanta / encantan** probar recetas de diferentes panes.
3. A Javi y a Timo no les **gustó / gustaron** la oferta de bebidas del restaurante vegetariano.
4. Me **encantó / encantaron** los platos que prepararon Maika y Carlos el día que nos invitaron.
5. La cata de quesos nos **pareció / parecieron** muy interesante. Aprendimos mucho y, por supuesto, probamos muchos quesos que nos **gustó / gustaron** mucho.
6. ¿Qué te **pareció / parecieron** la paella del restaurante de mi barrio?
7. El camarero del café griego es un chico muy agradable, ¡me **encanta / encantan**!
8. No me **gusta / gustan** esas experiencias gastronómicas modernas, no me **parece / parecen** auténticas. A mí me **gusta / gustan** la buena comida tradicional de toda la vida.

6 GASTRONOMÍA

16 Completa estas frases con la forma correcta del adjetivo.

1. Ayer hicimos un *tour* gastronómico. A Anastasia le pareció _____ (genial), pero a mí me pareció un poco _____ (caro) porque no probamos mucha comida, la verdad.
2. La paella del restaurante de tu barrio me pareció muy _____ (bueno).
3. Ahora en mi ciudad están abriendo restaurantes con unos platos que me parecen muy _____ (exótico).
4. No me gustó nada el servicio de Casa Mauricio, los camareros me parecieron muy poco _____ (simpático).
5. ¿Te parece _____ (bonito) la decoración del bar Lilly? ¡Es muy _____ (moderno)!
6. • ¡Qué explicaciones más _____ (interesante) nos dio el guía!
   ▪ ¿De verdad? Pues a mí me parecieron un poco _____ (aburrido).

17 Completa ahora con un pronombre de objeto indirecto.

1. A Karl no _____ gusta mucho salir a comer con amigos, prefiere hacer otras cosas con ellos.
2. Chicos, ¿visteis ayer el nuevo concurso de cocina? ¿Qué _____ pareció?
3. Mañana Petra y Bernhard organizan una pequeña fiesta. _____ vamos a regalar una caja de productos italianos.
4. A ti _____ gusta probar recetas nuevas, ¿verdad? Tienes que probar la receta del bolón verde. Es un plato ecuatoriano, _____ va a encantar.
5. A mí no _____ gusta mucho el pescado, pero esta preparación _____ ha parecido exquisita.
6. En nuestra familia _____ encanta desayunar bien los fines de semana, con fruta, lácteos, pan…

Recuerda
Los pronombres de objeto indirecto son **me, te, le, nos, os, les**.

18a Míriam ha escrito su valoración sobre un restaurante. ¿Qué opinión tiene de los aspectos de la tabla?

Míriam

Me gusta mucho ir a un restaurante indio de mi ciudad que se llama Mera Desh. La decoración no es muy bonita, me parece un poco fría, pero el servicio es maravilloso, es una familia la que lleva el restaurante. En el menú hay muchos platos de carne y pescado, pero también muchas opciones para vegetarianos. Normalmente sirven la comida en pequeños boles de metal muy bonitos. Además, ponen en la mesa una fuente de arroz para compartir entre todos. En la cocina usan ingredientes frescos y de calidad, muchas veces de producción ecológica, y preparan todo en el momento. Por eso, el servicio es un poco lento, y tienes que esperar hasta tener la comida. Pero la espera vale la pena: es una comida deliciosa. La relación calidad-precio también es buena. Es verdad que en la ciudad hay muchos restaurantes donde se puede comer más barato, pero no con la calidad del Mera Desh. ¡Recomiendo a todos probarlo!

	Positiva	Negativa	¿Por qué?
1 Decoración del restaurante			
2 Variedad de la comida			
3 Calidad de la comida			
4 Presentación de los platos			
5 Servicio			
6 Precio			

18b Piensa en un restaurante al que has ido y escribe en tu cuaderno una valoración sobre él.

GASTRONOMÍA 6

EN ACCIÓN

19 Marca en el texto de la página 58 del libro del alumno dónde aparece esta información. ¿Qué informaciones no están en el texto?

1. ☐ Comer en casa es más barato.
2. ☐ En los restaurantes hay más ruido que en casa.
3. ☐ Ahorramos tiempo si vamos a un restaurante.
4. ☐ Salir a comer nos da más opciones para elegir.
5. ☐ Es más fácil controlar los ingredientes que comemos en casa.
6. ☐ Con niños, es más cómodo comer en casa.
7. ☐ En casa tenemos que recoger los platos.

20 Completa las frases con estas palabras del texto de la página 58 del libro del alumno. Tienes que adaptar la forma de alguna de ellas.

excusa - ahorrar - comida casera - preocuparse - porción - descubrir

1. El mes pasado salimos demasiado a comer, este mes tenemos que _____ un poco más.
2. Marta prefiere comer en casa porque _____ por su dieta.
3. Ayer Sandra y yo _____ un restaurante pequeñito muy bueno en la zona vieja, ¡tienes que ir!
4. ¿Has probado las croquetas que hace Saúl? ¡No hay nada mejor que la _____!
5. Es fácil encontrar _____ para no comer sano: no tenemos tiempo, es más caro…
6. En este restaurante las _____ son demasiado grandes, pero puedes llevarte lo que no comes a casa.

Y PARA ACABAR…

¿Qué sueles desayunar?

Tu mejor receta:

¿Cuál es tu restaurante favorito y por qué?

Información interesante de esta unidad:

7 DE COMPRAS

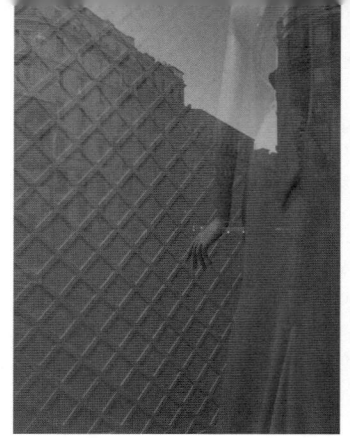

A REGALOS Y MÁS

1 Luis y Clara están pensando qué regalos van a hacer esta Navidad. Completa el diálogo con los pronombres de objeto indirecto.

Luis: Ya pronto es Navidad. ¿Qué **(1)** _____ regalamos a la familia?
Clara: No sé… A mamá **(2)** _____ podemos regalar una entrada para un concierto de música clásica.
Luis: ¡Sí! **(3)** _____ gusta la idea. Y a papá **(4)** _____ podemos comprar un delantal de cocina, ¿no?
Clara: Sí, eso también es buena idea, un delantal y un libro de cocina. ¿Y a los primas?
Luis: Bueno, creo que a Rosana **(5)** _____ podemos comprar una entrada para un partido de fútbol.
Clara: Hmm… Sí… ¿Y a Marina y a Natalia? A ellas también **(6)** _____ gusta el fútbol, ¿no?
Luis: Sí, pero las entradas son un poco caras…
Clara: Oye, ¿y a Tita y a Juan, qué **(7)** _____ vamos a comprar?
Luis: ¡Nada! ¡Ellos a nosotros tampoco **(8)** _____ regalan nunca nada!
Clara: Tienes razón. ¿Y a mí qué **(9)** _____ vas a regalar? ¿Ya lo sabes?
Luis: Claro que sí. A ti **(10)** _____ voy a hacer el mejor regalo.
Clara: ¡Oohh!

Recuerda

Los pronombres de objeto indirecto son *me, te, le, nos, os, les*.
Muchas veces hay una repetición del objeto indirecto: *A Ignacio le regalamos una entrada para la ópera*.

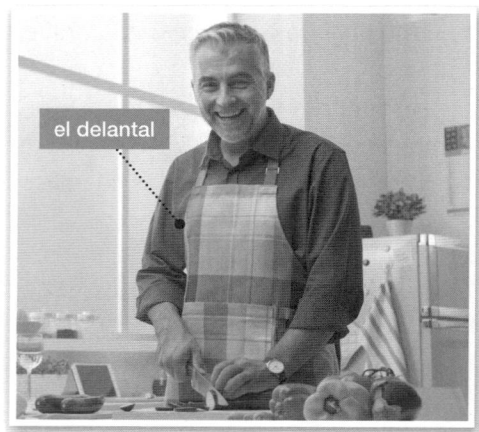

el delantal

2 ¿Regalas algo en estas ocasiones? ¿A quién? ¿Recibes tú regalos?

Normalmente no le regalo nada a mi novio el día de San Valentín, pero a veces él me regala bombones porque me encanta el chocolate.

1. Día de San Valentín: _____
2. Navidad: _____
3. Aniversario: _____
4. Cumpleaños: _____
5. Día de la madre: _____
6. Día del padre: _____

3 Completa estas comparaciones con *tan* o *tanto/a/os/as*.

1. Ana va a recibir _____ regalos como Priscila.
2. Luis es _____ interesante como pensé.
3. ¿Conoces a alguien con _____ paciencia como Miguel? ¡Yo no!
4. En Hamburgo viven _____ personas como en Budapest.
5. Juana estudia _____ como Isabel, pero no saca _____ buenas notas como ella.
6. No vamos a necesitar para la fiesta _____ dinero como planeamos.
7. En Navidad ya no gasto _____ como antes.
8. Preparamos todo _____ rápido como pudimos.

DE COMPRAS 7

4 Lee la información sobre David y Julián y escribe frases comparándolos.

	David	Julián
1	Tres hermanos	Tres hermanos
2	29 años	25 años
3	Mide 1,85 m	Mide 1,85 m
4	Duerme ocho horas	Duerme seis horas
5	No bebe café	Bebe tres tazas al día

Recuerda

- Para hacer comparaciones de igualdad usamos:
  - *tan* **[adjetivo / adverbio]** *como*: María es tan alta como tú.
  - *tanto/a/os/as* **[sustantivo]** *como*: No tengo tanto tiempo como antes.
  - **[verbo]** *tanto como*: Trabajo tanto como Jimena.
- Para hacer comparaciones de desigualdad usamos:
  - *más / menos* **[adjetivo / adverbio / sustantivo]** *que*: Hay más libros que cuadernos.
  - **[verbo]** *más / menos que*: Leo más que tú.

1 _____
2 _____
3 _____
4 _____
5 _____

5a Lee este artículo y relaciona las ideas que propone con las fotos.

Los regalos son una forma de cuidar, **cuidarnos** y mostrar aprecio, pero hay que tener cuidado para no caer en el consumismo que llena nuestras casas de objetos que no necesitamos. Aquí tenéis algunas ideas para **evitarlo**.

1. Podemos poner límites: de número de regalos, de dinero que se gasta, solo regalos hechos a mano… El "amigo invisible" es un juego en el que cada persona de un grupo solo hace y recibe un regalo. Se decide quién regala a quién con un sorteo. ☐

2. No todo se tiene que comprar: un dibujo o texto nuestro, un dulce hecho en casa, algo de segunda mano pero que sabemos que va a gustar, un calendario hecho a mano con fotos nuestras… son regalos que cuestan poco dinero pero valen mucho. ☐

3. No siempre tienen que ser objetos: cosas inmateriales como entradas para ir con la persona al teatro o a un concierto, un masaje, una sesión de alguna terapia natural son regalos menos consumistas y muy bonitos. ☐

4. Comida, siempre una buena opción: si no sabemos qué regalar pero queremos regalar algo, la comida o bebida seguramente van a **consumirla**: un buen queso, un vino especial, un buen café o chocolate de comercio justo… Existen muchas ofertas muy responsables e interesantes de cestas de productos de comercio justo y agricultura ecológica local para Navidad. ☐

5. Regala un huerto. Si tienes algún amigo al que le interesa la jardinería, para ir un paso más allá, puedes **regalarle** productos para hacer un huerto en el balcón o unos meses de alquiler de un huerto urbano. ☐

6. Los regalos para los niños. **Regalarles** tiempo y atención, **escucharlos**, aprender a jugar con ellos… es el regalo que más necesitan, valoran y agradecen. Un buen regalo, por ejemplo, es **llevarlos** al teatro o a conocer algún lugar bonito o un lugar que significa algo para ti. Aunque está claro que la mañana de Reyes puede ser necesario **darles** algún regalo. A veces la mejor parte de los regalos son los rituales que los rodean: esconder los regalos y hacer un juego para **encontrarlos**, los restos que dejan los Reyes… Si compramos juguetes, es mejor comprar juguetes sencillos y resistentes. Y mejor hechos de materiales naturales (madera, algodón…) y sin componentes electrónicos, pilas, plásticos… ☐

Adaptado de *www.elpais.com*

7 DE COMPRAS

5b Escribe un posible título para el artículo de la página anterior.

5c Fíjate ahora en las palabras en negrita del texto de la página anterior. Son verbos que tienen un pronombre de objeto directo o indirecto detrás. ¿A qué se refieren los pronombres?

cuidarnos: *nosotros*

1 evitarlo: _____
2 consumirla: _____
3 regalarle: _____
4 regalarles, darles: _____
5 escucharlos, llevarlos: _____
6 encontrarlos: _____

B DE COMPRAS

6 A Larissa le encanta la moda. Aquí tienes algunas de sus fotos de Instagram. ¿Qué ropa y accesorios lleva en cada una?

7 Ordena el siguiente diálogo en una tienda de moda.

a ☐7 Buenas tardes, ¿en qué puedo ayudarlo?
b ☐ ¿Qué talla tiene?
c ☐ ¿Qué tal le quedan?
d ☐ Muy bien, tenemos muchos pantalones grises esta temporada. ¿Qué le parecen estos?
e ☐ Sí, mire, aquí tiene.
f ☐ Pues… estoy buscando unos pantalones grises.
g ☐ Aquí tiene.
h ☐ Son muy bonitos.
i ☐ Uy, pues me quedan un poco estrechos. ¿Tiene una talla más?
j ☐ La 48, creo.
k ☐ Ah, estos me quedan muy bien. ¡Me los llevo!

DE COMPRAS 7

8 🔊 65-70 Escucha los minidiálogos y señala en cada caso de qué están hablando.

1. el collar - los pendientes - la pulsera
2. las gafas - el gorro - los pantalones
3. los vaqueros - la camisa - el jersey
4. el bolso - las sandalias - la chaqueta
5. los pantalones - los zapatos - las botas
6. el sombrero - las gafas - los pendientes

9 Estás en una zapatería. Completa el diálogo con ayuda de las instrucciones.

Dependiente: ¡Hola! ¿En qué puedo ayudarlo/a?
Tú: (1) _____ (zapatos marrones)
Dependiente: Muy bien. ¿Cómo los quiere: clásicos o deportivos?
Tú: (2) _____ (clásicos - celebración en el trabajo)
Dependiente: Muy bien. Estos son de muy buena calidad. ¿Le gustan?
Tú: (3) _____ (muy bonitos)
Dependiente: ¿Y qué número tiene?
Tú: (4) _____ (40)

Dependiente: Aquí tiene.
(…)
Dependiente: ¿Qué tal le quedan?
Tú: (5) _____ (pequeños - ¿número más?)
Dependiente: Sí, claro, tome.
(…)
Dependiente: ¿Qué tal estos?
Tú: (6) _____ (muy cómodos - ¿precio?)
Dependiente: Pues estos cuestan… 150 €.
Tú: (7) _____ (caros - pensar)

10a Compramos joyas en una joyería y zapatos en una zapatería. ¿Sabes cómo se llaman las siguientes tiendas? Atención, el nombre de las tres últimas no se forma con el sufijo -ería.

1 la _____

2 la _____

3 la _____

4 la _____

5 la _____

6 la _____

7 el _____

8 el _____

10b ¿Qué tipo de tiendas te gustan más y cuáles menos? ¿Por qué?

Me gustan mucho las papelerías con encanto porque me encantan los cuadernos bonitos y los lápices.

_____
_____

cincuenta y tres 53

7 DE COMPRAS

11a DELE Mira la foto, toma notas de lo que ves, haz una descripción oral y grábala, por ejemplo, con el móvil. Luego escucha, anota qué aspectos son mejorables (claridad, fluidez, concordancia de adjetivos…) y graba otra vez. Quizás puedes mandar la grabación a tu profesor. Puedes hablar de estos aspectos:

- ¿Quiénes son? ¿Dónde están?
- ¿Cómo son y cómo es la ropa que llevan?
- ¿De qué crees que están hablando?
- ¿Puedes describir el lugar?

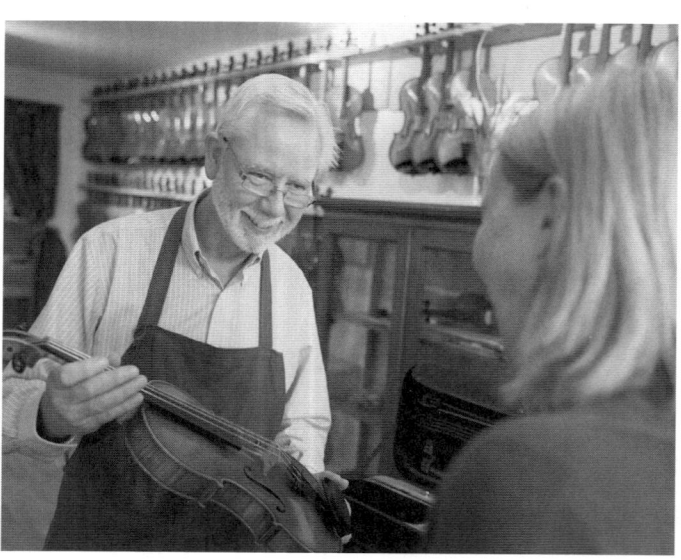

ESTRATEGIAS PARA EL EXAMEN

Este ejercicio corresponde a la Tarea 2 de la Prueba 4. En 2 - 3 minutos tienes que describir una foto con una escena de la vida cotidiana. Recibes unas preguntas que te pueden ayudar. Puedes preparar la tarea en los 12 minutos de preparación de la prueba de expresión e interacción orales.

- Describe a las personas, el lugar donde están y qué están haciendo.
- Para practicar, acostúmbrate a seguir siempre el mismo orden. Por ejemplo: qué personas ves *(un hombre y una mujer, una camarera y un cliente…)*, dónde están, descripción física, edad y ropa de las personas, qué escena representan *(la clienta está pidiendo la comida, el hombre quiere comprar un medicamento…)*, detalles sobre el lugar donde están…
- Puedes hacer suposiciones, por ejemplo, con *Creo que…* o *Quizás…*
- Si no conoces una palabra que necesitas, puedes describirla: *una tienda donde se venden productos para reparar cosas de casa que no funcionan.* También puedes decir que no recuerdas una palabra: *el hombre quiere comprar el objeto donde llevamos el dinero, pero ahora mismo no recuerdo la palabra.*
- No tienes que hacer frases muy largas, pero intenta hablar con naturalidad y fluidez.
- Recuerda que durante la preparación puedes tomar notas, pero en el examen no puedes leer frases.

(Ver más ideas en las soluciones de la página 92.)

11b DELE Imagina que estás en la tienda de la actividad **11a** y quieres comprar un violín para tu nieta. Completa el diálogo. Después, puedes practicar el diálogo con un compañero y grabarlo con el móvil para ver qué podéis mejorar.

Dependiente: Hola, buenas tardes. ¿En qué puedo ayudarlo/a?
Tú: (1) _____
Dependiente: Ah, muy bien. ¿Y qué tipo de violín está buscando?
Tú: (2) _____
Dependiente: Muy bien. ¿Su nieta sabe ya tocar el violín?
Tú: (3) _____
Dependiente: ¿Y cuánto dinero quiere o puede gastar?
Tú: (4) _____
Dependiente: Vale. Tenemos, por ejemplo… este. Es de madera de arce y tiene un tamaño práctico para niños. Además, las cuerdas son de alta calidad, así que tiene un buen sonido.
Tú: (5) _____
Dependiente: Pues este cuesta 99 €.
Tú: (6) _____
Dependiente: Sí, la caja está incluida.
Tú: (7) _____
Dependiente: Muy bien. Aquí tiene.
Tú: (8) _____
Dependiente: Gracias a usted. Adiós.

ESTRATEGIAS PARA EL EXAMEN

Este ejercicio corresponde a la Tarea 3 de la Prueba 4, pero en el examen no tienes el diálogo. Tienes que improvisar con el entrevistador una conversación de 3 - 4 minutos a partir de la foto de la Tarea 2. Puedes pensar en diferentes ideas en los 12 minutos de preparación de la prueba de expresión e interacción orales.

- Piensa que hay tres fases: inicio (saludo, pregunta inicial), fase de desarrollo (preguntas y descripción de lo que se quiere) y cierre (solución, agradecimiento y despedida).
- En el tiempo de preparación, anota ideas y preguntas que puedes hacer durante la conversación.
- No tienes que ser un experto del tema. Puedes hacer preguntas como: *Yo no entiendo mucho de este tema, ¿usted qué me recomienda? / Necesito un medicamento para dormir, pero no conozco ninguno.*
- Escucha bien lo que dice el examinador para poder reaccionar correctamente. Si no entiendes lo que dice, puedes preguntar: *¿Perdón? / Perdón, ¿puede repetir? / ¡Oh, no comprendo! Otra vez, por favor.*

C EN LA MALETA

12 ¿Qué no llevo si voy a visitar los siguientes lugares? Marca el objeto que no pertenece al grupo.

1. Si voy a la playa, llevo crema solar, una toalla, guantes y un bañador.
2. Si vamos a la montaña, llevamos chanclas, una mochila, una chaqueta y gafas de sol.
3. Si voy al desierto, tengo que llevar gafas de sol, un botiquín, una bufanda y un pañuelo.
4. Para ir de vacaciones a una gran ciudad, llevo zapatos de tacón, vaqueros, camisetas y una gorra si hace calor.
5. Para ir a una casa rural, llevamos un traje, una mochila, un botiquín y botas de montaña.

13a Lee las siguientes informaciones. ¿Se refieren a Londres (L) o a El Cairo (EC)?

	L	EC
1 Por las noches las temperaturas bajan, así que llevad una chaqueta en la maleta.	☐	☐
2 Por supuesto, haced una excursión al desierto. ¡Es una experiencia impresionante!	☐	☐
3 Prueben la comida callejera, es espectacular: hay comida india, coreana, peruana… ¡de todo!	☐	☐
4 Descubrid el zoco y sus maravillas: alfombras, lámparas, mochilas, jabones…	☐	☐
5 Vayan a alguno de los museos de la ciudad, ¡hay cientos!: de arte, de historia, de diseño…	☐	☐
6 Bebed mucha agua para no deshidrataros.	☐	☐
7 Relájense en alguno de los verdes parques de la ciudad.	☐	☐

13b Marca en las informaciones anteriores con diferentes colores las formas de imperativo de *vosotros/as* y de *ustedes*. Escribe las formas en la tabla y luego completa con las que faltan.

	llevar	probar	beber	descubrir	hacer	ir	relajarse
vosotros/as							
ustedes							

14 Transforma las frases con *vosotros/as* en frases con *ustedes* y al revés.

1. Si queréis probar la auténtica paella valenciana, id al restaurante Malvarrosa, en la playa.
2. Para no tener que esperar muchas colas, compren las entradas con antelación.
3. Si vais a la montaña en verano, llevad una chaqueta para por la noche.
4. Si les interesa visitar la Galería Nacional, reserven las entradas en la web.
5. Llevad siempre protector solar si vais a la playa.
6. Acordaos de llevar el pasaporte si viajáis al extranjero.
7. Pónganse guantes y bufanda si van a caminar por la nieve.
8. Si vienen a Ciudad de México, visiten la casa museo de Frida Kahlo, en el barrio de Coyoacán.

¿Sabías que…?

Frida Kahlo (1907-1954) es una pintora mexicana conocida internacionalmente. La mayoría de sus cuadros son autobiográficos y muchos de ellos reflejan el dolor que sufrió durante su vida a causa de un accidente que tuvo en su juventud.

7 DE COMPRAS

15 El Ayuntamiento de Madrid publica una guía con recomendaciones para turistas. Lee las siguientes recomendaciones y completa con el imperativo de *vosotros/as*.

MADRID Es

→ Bienvenidos y bienvenidas a Madrid

1. Nos gusta vivir en una ciudad bonita, por eso, _____ (usar) las papeleras y _____ (mantener) la ciudad limpia.

2. _____ (respetar) el mobiliario urbano y _____ (reciclar) en los contenedores habilitados para tal fin.

3. Si tenéis necesidad, _____ (usar) los aseos públicos. Los hay por toda la ciudad.

4. Existe un abono turístico para facilitar los desplazamientos, así que _____ (moverse) en transporte público. Es cómodo, eficaz y limpio.

5. _____ (utilizar) la bicicleta. Hay estaciones de BiCiMad en numerosos lugares de Madrid.

6. La gastronomía y los productos de Madrid son de una gran calidad. _____ (colaborar) con el desarrollo equilibrado y sostenible consumiendo productos locales.

7. A las madrileñas y madrileños nos gusta vivir en una sociedad diversa e inclusiva. Convivimos en la ciudad distintas razas, orientaciones sexuales, formas de ser y de sentir y creencias religiosas: _____ (respetarlo). Y _____ (recordar): ser tolerantes con los demás es la mejor norma de educación.

Adaptado de *www.esmadrid.com*

16 DELE Escribe un correo electrónico de entre 70 y 80 palabras a unos amigos que van a pasar unos días en tu ciudad. Tienes que:

- Recomendar lugares para visitar y por qué.
- Decir dónde pueden comer.
- Explicar cómo es el clima y qué ropa necesitan.
- Contar cómo es la gente.
- Saludar al principio y despedirte al final.

ESTRATEGIAS PARA EL EXAMEN

Este ejercicio corresponde a la Tarea 2 de la Prueba 3. Esta tarea tiene dos opciones, este ejercicio corresponde a la opción A. Tienes que escribir un texto sobre un tema personal (personas, lugares, experiencias personales...) de 70 - 80 palabras. Tienes instrucciones sobre la información que debes incluir:
- Lee las instrucciones y anota tus ideas sobre todos los puntos.
- La estructura es importante, normalmente puedes seguir el orden de los puntos.
- También es importante escribir sobre todos los aspectos de las instrucciones.
- Al final, lee el texto y comprueba que la gramática es correcta: terminaciones de verbos y adjetivos, preposiciones...
- Asegúrate de que has escrito el número de palabras necesario.

17 🔊 71-76 **Señala la frase que escuchas. Pon atención a la sílaba tónica.**

1. a Visita el museo de arte contemporáneo.
   b Visitad el museo de arte contemporáneo.
2. a Compra las entradas con antelación.
   b Comprad las entradas con antelación.
3. a Viaja al desierto en invierno.
   b Viajad al desierto en invierno.
4. a Come la comida típica, ¡está buenísima!
   b Comed la comida típica, ¡está buenísima!
5. a Compra *souvenirs* para amigos y familiares.
   b Comprad *souvenirs* para amigos y familiares.
6. a Si hace mucho calor, usa crema solar.
   b Si hace mucho calor, usad crema solar.

EN ACCIÓN

18a Lee otra vez el texto de la página 68 del libro del alumno y marca verdadero (V) o falso (F).

	V	F
1 El comprador exquisito compra dependiendo de su estado de ánimo.	☐	☐
2 Hay tantas mujeres como hombres en la categoría de compradores exquisitos.	☐	☐
3 El comprador impulsivo es más frecuente que el comprador independiente.	☐	☐
4 El comprador equilibrado analiza los datos del producto con cuidado.	☐	☐
5 La media de edad en los compradores equilibrados es más baja que en los compradores impulsivos.	☐	☐
6 El comprador emocional suele comprar con su teléfono móvil.	☐	☐
7 Más hombres que mujeres pertenecen a la categoría de comprador independiente.	☐	☐
8 El comprador independiente suele comprar cosas que no necesita.	☐	☐

18b Ahora, corrige las frases falsas.

1 _____
2 _____
3 _____
4 _____
5 _____
6 _____
7 _____
8 _____

Y PARA ACABAR...

El mejor regalo que has hecho y que has recibido:

Tu prenda de ropa favorita:

El mejor consejo para viajar a tu país:

Información interesante de esta unidad:

8 OTRAS ÉPOCAS

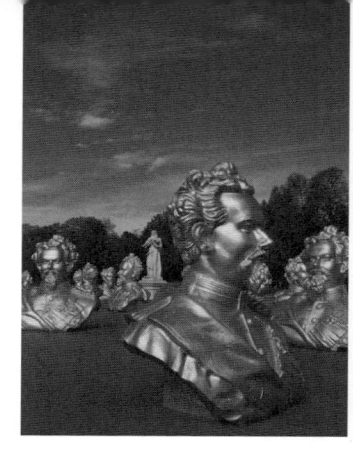

A RECUERDOS DEL PASADO

1 Lee otra vez los comentarios al artículo de la página 70 del libro del alumno y marca a quién corresponde la siguiente información.

	Silvia	José María	Rafa	Andira	Rodrigo
1 Tenía(n) un grupo de música favorito.	☐	☐	☐	☐	☐
2 Pasaba(n) tiempo con otra(s) persona(s).	☐	☐	☐	☐	☐
3 Practicaba(n) deporte.	☐	☐	☐	☐	☐
4 Tenía(n) un ídolo.	☐	☐	☐	☐	☐
5 Jugaba(n) con coches.	☐	☐	☐	☐	☐

2 Completa la tabla con las formas que faltan.

	estar	volver	salir	ser	ir	ver
yo	estaba					veía
tú		volvías			ibas	
él / ella / usted			salía	era		
nosotros/as			salíamos	éramos		
vosotros/as		volvíais			ibais	
ellos/as / ustedes	estaban					veían

3 Completa las frases con los verbos en la forma correcta de pretérito imperfecto.

1 Mi hermana y yo, cuando _____ (ser) pequeños, no _____ (pelearse). ¡_____ (tener) una relación muy buena!

2 De pequeño, nunca _____ (querer) ir a la cama por la noche, pero mi madre me _____ (leer) cuentos antes de dormir ¡y eso me _____ (encantar)!

3 • Cuando vosotros _____ (ser) pequeños, ¿_____ (tener) un grupo de música favorito?
 ▪ ¡Sí! Yo _____ (escuchar) un grupo mexicano que _____ (llamarse) La Onda Vaselina.

4 Yo en clase _____ (hablar) mucho con mis compañeras y mi profesora, doña Nati, siempre me _____ (decir): "¡Sara, trabaja!".

5 Abuela, cuando tú _____ (ser) pequeña, ¿_____ (haber) dinosaurios?

6 De jóvenes, a mi amigo Francisco Javier y a mí nos _____ (gustar) mucho ir a conciertos de música independiente. Normalmente _____ (ir) con su hermano, que _____ (ser) un poco mayor que nosotros.

7 • Rosana, tú de joven _____ (ser) muy deportista, ¿no? ¿Es verdad que _____ (participar) en maratones?
 ▪ ¡Uy, no! _____ (correr) mucho y _____ (hacer) tours en bicicleta bastante largos, pero no _____ (participar) en competiciones.

8 Nuestro primer gato _____ (ser) blanco y _____ (tener) manchas marrones. A veces nos _____ (traer) un ratón como muestra de simpatía, pero eso a mí no me _____ (gustar) mucho.

OTRAS ÉPOCAS 8

4 ¿Cómo ha cambiado la vida de Juan Pablo? Escribe frases sobre antes y ahora.

1. antes: tener el pelo liso - ahora: tener el pelo un poco rizado
2. antes: vivir con su padre - ahora: vivir solo
3. antes: ver películas en la tele - ahora: ir mucho al cine
4. antes: jugar en el parque - ahora: jugar con los videojuegos
5. antes: ser mal alumno en el colegio - ahora: tener éxito en el trabajo
6. antes: ir a casa de sus abuelos los fines de semana - ahora: pasar los fines de semana con su pareja

Antes llevaba ropa informal, ahora lleva traje y corbata.

5 📖 **DELE** Lee estos tres textos en los que diferentes personas hablan sobre sus recuerdos de la infancia o juventud y relaciona cada texto con un enunciado de la tabla.

MALÚ

Cuando era una adolescente, siempre pasaba el mes de agosto con mi familia en una casa que alquilaban mis padres en la playa. Tengo un recuerdo fantástico de aquellas vacaciones. Al principio, era casi una niña y me gustaba jugar en la playa con otras amigas que también pasaban allí todos los veranos. Íbamos con nuestros padres, jugábamos en la arena, nos bañábamos, tomábamos el bocadillo por la tarde… ¡Qué buenos estaban aquellos bocadillos! Algunos años más tarde, ya no íbamos a la playa con la familia, sino con los amigos. Entonces nos encantaba estar con los chicos y, si ellos no estaban, hablábamos de ellos. ¡Cada una estaba enamorada de uno!

SARA

De pequeña, vivía con mis padres y mis hermanos en un piso en la ciudad, pero pasábamos los fines de semana en una casa que teníamos en el pueblo de mi madre. Recuerdo los viernes de invierno… Llegábamos y la casa estaba muy fría porque durante la semana nadie vivía allí. ¡Era horrible! Entonces mi madre encendía la chimenea y mis hermanos y yo nos poníamos muy juntos cerca del fuego y veíamos algo en la tele. Mis padres ordenaban todo, preparaban la cena y al final cenábamos todos al lado de la chimenea. De pequeña no me gustaban mucho aquellos viernes, pero ahora tengo muy buen recuerdo de aquellas noches frías…

PAULA

Cuando teníamos diecisiete o dieciocho años, a mis amigas y a mí nos encantaba hacer noches de maratones de series. Entonces no se podían comprar en un DVD, como ahora, o ver en internet, porque estas cosas no existían, pero una amiga grababa la serie de la tele todos los días en vídeo y, una vez al mes, nos juntábamos para ver todos los capítulos en una noche. Preparábamos palomitas o teníamos cualquier otra cosa para comer y nos pasábamos horas juntas frente al televisor. Normalmente veíamos comedias, así que nos reíamos mucho. Eran unas noches fantásticas.

	Malú	Sara	Paula
1 Tiene un recuerdo positivo de algo que le parecía negativo.			
2 Siempre iba al mismo sitio de vacaciones.			
3 Su familia tenía una segunda casa.			
4 Habla de un plan en casa con sus amigas.			
5 Cenaba con su familia.			
6 Pasaba tiempo con sus amigas al aire libre.			

ESTRATEGIAS PARA EL EXAMEN

Este ejercicio corresponde a la Tarea 3 de la Prueba 1. Tienes que leer tres textos y relacionarlos con seis enunciados.
- Lee los textos para tener una idea general del tema.
- Lee con atención los enunciados
- Busca en los textos el lugar que contiene esa información.
- Si no estás seguro, piensa qué textos no son posibles.

6 Piensa en tu infancia y escribe en tu cuaderno un texto hablando de los siguientes aspectos.

- ¿Cómo era tu carácter de pequeño/a?, ¿y tu aspecto físico?
- ¿Dónde vivías y con quién?
- ¿A qué escuela ibas? ¿Te gustaba ir? ¿Por qué?
- ¿Quién era tu mejor amigo/a? ¿Cómo era?
- ¿Qué hacías en el tiempo libre?
- Y ahora, ¿qué cosas son diferentes?

Cuando era pequeña, era una niña buena y tranquila. Tenía el pelo liso, como ahora, y siempre llevaba una pinza que me ponía mi padre. Vivía en…

8 OTRAS ÉPOCAS

B ¿ANTES O AHORA?

7a Completa estos textos sobre los siguientes objetos para el recuerdo.

El *discman*

Antes no **(1)** _____ (poder, tú) escuchar música en tu teléfono móvil y **(2)** _____ (tener, tú) que llevar este reproductor. Solo **(3)** _____ (utilizarse, él) para escuchar música, no **(4)** _____ (grabar, él) canciones. Comparado con el *walkman*, en el que no **(5)** _____ (poder, tú) seleccionar la canción, el *discman* **(6)** _____ (ser, él) muy moderno porque **(7)** _____ (elegir, tú) directamente la canción, **(8)** _____ (poder, tú) pararlo, etc. El problema es que **(9)** _____ (ocupar, él) mucho espacio y **(10)** _____ (ser, él) difícil correr o caminar mientras **(11)** _____ (escuchar, tú) música. Actualmente no se fabrican, pero hay gente que los guarda como recuerdo.

El VHS

En aquellos tiempos no **(1)** _____ (haber, él) televisión a través de internet y solo **(2)** _____ (ver, tú) los programas que estaban en la tele, **(3)** _____ (ser, él) imposible seleccionar lo que **(4)** _____ (querer, tú) ver. Si **(5)** _____ (querer, tú) ver tu programa favorito pero no **(6)** _____ (estar, tú) en casa, **(7)** _____ (poder, tú) grabarlo con una cinta de vídeo o VHS. La parte negativa es que la duración de las cintas **(8)** _____ (ser, ella) muy limitada..., ¡a veces **(9)** _____ (grabar, tú) el principio del programa pero no el final! Otro problema es que **(10)** _____ (ocupar, ellas) mucho espacio, ¡una cinta para cada película! Ahora muchas personas ya no guardan películas o programas en casa porque pueden acceder a ellas siempre que quieren a través de internet.

7b Ahora piensa en otro objeto del pasado y escribe en tu cuaderno una pequeña descripción.

8 ¿Cómo eran estas cosas hace 60 años?

La educación
- Los profesores _____
- Los libros de texto _____
- Las clases _____
- _____

La familia
- Los padres _____
- Las madres _____
- La relación entre padres e hijos _____
- _____

Los viajes
- Los aviones _____
- El tren _____
- Las vacaciones _____
- _____

OTRAS ÉPOCAS 8

9 Marca la opción adecuada.

1. Ramón **todavía / ya no** vive en casa de sus padres, pero los visita con mucha frecuencia.
2. Sé que no es muy sano, pero **todavía / ya no** me gusta comer pan con chocolate, ¡me recuerda mucho a mi infancia!
3. Paloma **todavía / ya no** trabaja porque está jubilada desde hace un par de años.
4. Carlos **todavía / ya no** escucha música en discos de vinilo. Dice que él es muy clásico y que la calidad es mucho mejor que en mp3.
5. Terminé el instituto hace más de 30 años y **todavía / ya no** tengo relación con mis antiguos compañeros. Nos vemos una vez al año.
6. **Todavía / Ya no** tengo cámara de fotos, ahora utilizo la cámara del teléfono móvil.
7. Carmen **todavía / ya no** juega al fútbol. De pequeña le encantaba, ¡y era muy buena!, pero ahora no tiene tiempo.
8. Mi abuela **todavía / ya no** tiene una televisión en blanco y negro. Es muy grande y vieja, y no funciona, pero me parece muy original.

10 Completa con tu información personal.

1. Yo antes _____ y ahora todavía _____.
2. Antes _____ y ahora ya no _____.
3. Cuando era pequeño _____ y ahora _____.

11 Mira estas fotos de diferentes personas de antes y de ahora y escribe frases con *todavía* o *ya no* como en el ejemplo.

Recuerda

Usamos *todavía* para hablar de algo que no ha cambiado y es como en el pasado. Usamos *ya no* para hablar de algo que ha cambiado con respecto al pasado.

De niño Samuel llevaba gafas y camisa. Hoy en día todavía lleva gafas y le gusta llevar camisas.

1. _____

2. _____

3. _____

4. _____

sesenta y uno 61

8 OTRAS ÉPOCAS

12 🔊 77 Escucha otra vez la audición de la página 73 del libro del alumno y marca si estas informaciones son verdaderas (V) o falsas (F).

	V	F
1 Aurora hacía sus deberes del colegio con una máquina de escribir.	☐	☐
2 Nacho no perdía mucho tiempo hablando por teléfono.	☐	☐
3 Aurora no tenía mucha intimidad en casa porque escuchaban sus conversaciones.	☐	☐
4 Para Sofía, la vida antes era mucho mejor.	☐	☐
5 Nacho era feliz cuando era pequeño.	☐	☐
6 En aquella época solo había dos opciones en la televisión.	☐	☐
7 Actualmente Sofía no puede desconectar del trabajo.	☐	☐
8 Nacho cree que los cambios en la alimentación son negativos.	☐	☐

13a 🔊 78-83 Escucha estas frases y añade una coma si es necesario.

1 ¿Que si comprábamos mucho? No comprábamos tanto como ahora.
2 No íbamos al pueblo todos los veranos.
3 Claro que no viajábamos como en la actualidad.
4 No éramos felices con lo que teníamos.
5 ¿Que si veíamos mucho la tele? No escuchábamos la radio.
6 No escribíamos más cartas y postales que ahora.

13b Ahora piensa tú en frases similares. Escríbelas y graba las dos versiones (con y sin coma) con tu teléfono móvil. Presta atención a la pausa.

14 Prepara el debate de la página 73 del libro del alumno. Clasifica estos argumentos a favor o en contra de si vivíamos mejor antes sin internet o ahora con internet.

a Era mucho más difícil encontrar información.
b Muchas veces lo que leemos es falso, como las *fake news*.
c Mucha gente no se comunica con los demás, solo con la pantalla.
d Tenemos todo en nuestra mano, ¡es maravilloso!
e Desarrollábamos mucho nuestra imaginación y nunca nos aburríamos.
f Ayuda a las personas tímidas, personas con alguna discapacidad, etc.
g ¿Qué pasa con los *apps* que pueden escuchar nuestras conversaciones? ¡Es horrible!
h Yo compraba VHS de Inglaterra para aprender inglés, ¡eran carísimos!
i Pasábamos más tiempo hablando con la gente y relacionándonos.

LA VIDA ERA MEJOR SIN INTERNET	
Argumentos a favor	**Argumentos en contra**

C HISTORIA DEL TATUAJE

15 Elige la opción correcta para completar las frases.

1 Concerté una cita con mi peluquero, pero en el último momento _____ canceló.
   a me los
   b me la
   c nos lo

2 ¿Quieres leer el periódico, abuela? Yo _____ traigo.
   a me lo
   b te lo
   c se la

3 Tengo un tatuaje con el nombre de mi ex y quiero _____.
   a quitármelo
   b quitárselo
   c quitármelos

4 A Jorge le encantan las comidas caseras. Yo siempre _____ preparo cuando viene.
   a se la
   b se las
   c se los

5 Necesito mis gafas para ir al cine. ¿_____ das, por favor, Julio? Están en mi bolso.
   a Me la
   b Me los
   c Me las

6 Las chicas encontraron unas faldas y están _____.
   a probándoselas
   b probándonoslas
   c probándonosla

16 ¿Qué haces con estas cosas? Elige los verbos pronominales que se pueden usar con las siguientes palabras. Tienes que repetir alguno.

| lavarse - hacerse - teñirse - peinarse - quitarse |
| ponerse - maquillarse - cambiarse - cortarse - probarse |

1	El pelo	*me lo lavo*
2	La cara	
3	Las gafas	
4	Los tatuajes	

17 🔊 84-89 Escucha las preguntas y elige la respuesta correcta. Fíjate en los pronombres.

1 a Sí, se lo escribí ayer por la noche.
   b No, no se las escribí. No tenía su dirección.
2 a Nos los recomendaron en la oficina de turismo.
   b Me lo recomendó mi tío.
3 a Normalmente me lo corta Silvia.
   b A veces me las cortan demasiado.
4 a Me lo dio mi amiga Claudia.
   b Se la trajeron sus amigas el jueves.
5 a No me la han dicho todavía.
   b Me lo dijeron ayer.
6 a Me las hago yo en casa, ¡es muy fácil!
   b Te los hacen en la peluquería.

18 Subraya en cada frase el objeto directo y después reescribe las frases sustituyéndolo por un pronombre.

1 Me puse un *piercing*.
_____

2 Eduardo les dijo la verdad.
_____

3 Les prepararon una sorpresa a sus padres.
_____

4 Le busqué un peluquero a mi amiga.
_____

5 Te regalé los pendientes que querías.
_____

6 María nos dejaba los libros.
_____

7 Te compró la chaqueta.
_____

8 Ayer le prestamos la bicicleta a Elena.
_____

9 Mi hermano me trajo muchas fotos viejas de la familia.
_____

10 Mis amigas y yo nos hicimos el mismo tatuaje en el pie.
_____

¡Fíjate!

Generalmente el objeto directo va antes del objeto indirecto, pero cuando usamos los pronombres, el objeto indirecto va antes del objeto directo:

Lucas le trae **las gafas a Marta**.

Lucas **se las** trae.

8 OTRAS ÉPOCAS

19 Lee estos mensajes en un foro sobre tatuajes y relaciona cada entrada con una foto.

¿Por qué nos los hacemos?
Comparte aquí la razón de tus tatuajes.

Noticias | Foro | Contacto | Suscribirse

☐ **1** Cuando era niño, vivía con mis abuelos y para mí eran las personas más importantes del mundo. Cuando murieron, fue muy duro y decidí tatuarme sus nombres. Ahora van siempre conmigo y me siento mejor.

☐ **2** Mi esposo y yo nos tatuamos las coordenadas del lugar exacto donde nos casamos. Es una manera de recordar ese momento tan especial en nuestras vidas.

☐ **3** A veces damos mucha importancia al significado de un tatuaje. Yo me lo hice porque me gustó el diseño. Es una obra de arte que hace mi cuerpo más bonito.

☐ **4** Los tatuajes son para siempre, como el amor que les tengo a mis hijos. Por eso elegí tatuarme sus nombres. Sé que ellos van a crecer y se van a ir de casa, pero así siempre los tengo cerca.

☐ **5** Antes me daba mucha vergüenza llevar faldas porque tengo una cicatriz en la pierna, pero ahora ¡me encanta enseñar mi tatuaje! Donde había una cicatriz fea ahora hay una rosa preciosa.

☐ **6** Tomás, Javi y yo somos amigos desde que teníamos cuatro años y siempre nos ha gustado pasar tiempo juntos en la montaña. Cuando cumplimos dieciocho, decidimos tatuarnos algo para simbolizar nuestra amistad, y elegimos un diseño con tres montañas.

EN ACCIÓN

20a Piensa en la publicidad de tu país y marca qué imágenes son más frecuentes.

1 En un anuncio de productos de limpieza…

☐ una mujer limpiando   ☐ un hombre limpiando

2 En un anuncio de soluciones para oficinas…

 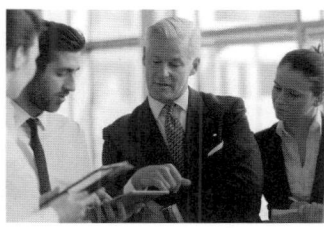

☐ una mujer es la jefa   ☐ un hombre es el jefe

3 En un anuncio de productos de bebé…

☐ un padre con su hijo   ☐ una madre con su hijo

4 En un anuncio de coches…

 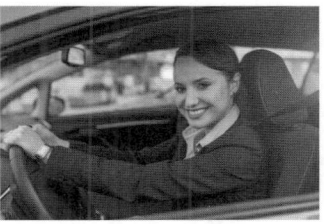

☐ un hombre conduciendo   ☐ una mujer conduciendo

20b Busca dos anuncios y analízalos contestando en tu cuaderno a estas preguntas.

- ¿Cuál es el texto y el eslogan del anuncio?
- ¿Qué imágenes aparecen en el anuncio?
- ¿Cuántos hombres y cuántas mujeres aparecen?
- ¿Cuál es el papel de cada uno en el anuncio?
- ¿El anuncio fomenta roles tradicionales sexistas?
- ¿Presenta el cuerpo de las mujeres como un objeto?

20c Piensa tú ahora en un anuncio que promueva valores solidarios, de igualdad, políticamente correctos, etc. Incluye:

- Una imagen
- Un eslogan
- Texto
- Valores positivos

Y PARA ACABAR…

Un recuerdo de tu infancia:

Un objeto de tu pasado:

Algo que hacías y ya no haces y algo que todavía haces:

Información interesante de esta unidad:

9 LA SALUD

A ¿SABÍAS QUE...?

1 Escribe el nombre de estas partes del cuerpo. A veces hay más de una palabra para el mismo dibujo.

> el dedo - la oreja - la nariz - las pestañas - la boca - el ojo - el diente - el brazo - la lengua - la ceja - el hueso
> la muela - la pierna - la cara - el pie - el labio - la mano - la uña - la cabeza - el codo - la rodilla - el oído

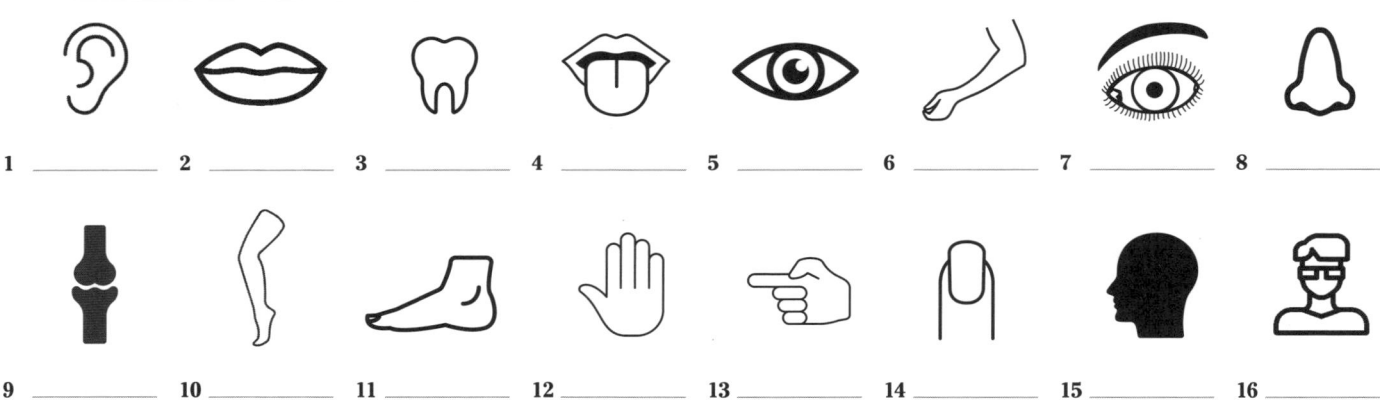

1 _____ 2 _____ 3 _____ 4 _____ 5 _____ 6 _____ 7 _____ 8 _____

9 _____ 10 _____ 11 _____ 12 _____ 13 _____ 14 _____ 15 _____ 16 _____

2a ¿A qué parte del cuerpo se refieren estas definiciones?

1 Es el órgano más importante del sistema visual. Gracias a él podemos ver. Tiene forma circular y está en la cara. Puede ser de colores diferentes: marrón, azul, verde… _____

2 Es la parte del cuerpo que une la cabeza con el resto del cuerpo. _____

3 Es un órgano que se mueve todo el tiempo y que está en la boca. Gracias a este órgano podemos hablar y diferenciar los sabores de la comida. _____

4 Es una parte de la piel que protege los dedos. Tardan bastante en crecer, pero es necesario cortarlas de vez en cuando. Muchas personas se las pintan de colores. _____

5 Son unos pelos que están encima y debajo del ojo y lo protegen. Algunas personas se hacen tratamientos o se maquillan para tenerlas más largas. _____

6 Es el órgano que da sangre al resto del cuerpo. Está en el pecho, entre los pulmones. _____

2b Ahora piensa en otras dos partes del cuerpo y escribe una definición similar.

_____

_____

3 Elige la opción adecuada.

1 Antón ha tenido un accidente de tráfico pero, por suerte, solo se ha roto un **hueso / olfato**.

2 Si comes muchos dulces, puedes tener dolor de **oídos / dientes**.

3 Cuando está nerviosa, Alejandra se come las **uñas / muelas**.

4 Gracias al sentido **del equilibrio / de la orientación** podemos saber dónde estamos.

5 A través de la nariz podemos percibir los **olores / oídos**.

6 En primavera, Dani siempre está **tapándose los ojos / estornudando** porque tiene alergia a muchos árboles y flores.

LA SALUD 9

4 ¿Qué parte del cuerpo asocias con estas actividades? Hay más de una opción posible.

1 comer una hamburguesa: _____
2 estudiar: _____
3 escuchar música: _____
4 correr en el parque: _____
5 tocar el piano: _____
6 hablar por teléfono: _____
7 ir a un concierto: _____
8 llevar una bufanda: _____

5 Completa la tabla con las partes del cuerpo y los cinco sentidos.

	Parte del cuerpo	Sentido
1		la vista
2	la boca	
3		el tacto
4	la nariz	
5		el oído

6 Completa con tu información personal.

1 El deporte que más me gusta es _____.
2 La comida que menos me gusta es _____.
3 La parte de mi cuerpo que más me gusta es _____.
4 La canción que más me gusta es _____.
5 La película que menos me gusta es _____.
6 El libro que más me gusta es _____.

7a Ordena las palabras para crear frases como en el ejemplo. Tienes que añadir alguna palabra.

dedo - largo - corazón
El corazón es el dedo más largo.

1 muelas - dientes - grandes
_____
2 desarrollado en los perros - olfato - sentido
_____
3 parte del oído - órgano - pequeño
_____
4 importante - cerebro - órgano
_____
5 dedo - meñique - corto
_____
6 largo - hueso de la pierna - hueso
_____

7b Escribe en tu cuaderno otras dos informaciones similares sobre el cuerpo.

B ¡QUÉ MALA CARA!

8 Marca la palabra que **no** pertenece a la serie.

1 dolor - fiebre - enfermo - tos
2 cabeza - oídos - garganta - resfriado
3 masaje - jarabe - pastilla - té con miel
4 estresado - resfriado - estornudo - enfermo

9a Une estos problemas con la recomendación más lógica.

1 Siempre estoy muy cansado por las mañanas.
2 Tengo un dolor de espalda terrible.
3 Me duele el estómago.
4 Tengo mucha tos.
5 Este mes estoy muy estresado.
6 Desde la semana pasada me duele una muela.

a ☐ ¿Por qué no pides cita con el fisioterapeuta?
b ☐ Da un paseo por el parque, seguro que te relaja.
c ☐ Tómate un jarabe.
d ☐ Duerme un mínimo de ocho horas al día.
e ☐ Ve al dentista, puede ser algo serio.
f ☐ Intenta comer menos comida rápida.

9b Ahora escribe tú recomendaciones para estos problemas.

1 Esta mañana me he levantado con fiebre.
_____

2 Me duelen los dientes si tomo bebidas frías.
_____

3 Cuando estoy resfriado, me duele todo el cuerpo.
_____

4 Tengo que pasar mucho tiempo frente al ordenador y me da dolor de cabeza.
_____

¿Sabías que...?

Vicks VapoRub es un remedio muy popular en muchos países latinoamericanos, y se usa para todo tipo de enfermedades. Su popularidad entre los hispanos en Estados Unidos ha hecho que se considere su uso casi como un símbolo de la comunidad latinoamericana en este país y motivo de muchos memes, vídeos, etc. Los hablantes de español lo llaman con distintas variaciones del nombre: *Vivaporú, Vivaperú, El Bic, El Bix, El Vickisito...*

9 LA SALUD

10 ¿Qué te duele? Di qué parte del cuerpo te duele en estas situaciones. Presta atención a la forma del verbo.

Ayer fui a un concierto y canté mucho.
Me duele la garganta.

1 He caminado todo el día con zapatos de tacón.

2 Tomé muchas notas en clase.

3 Paso muchas horas sentada en la oficina.

4 Mis vecinos están haciendo obras en el piso de arriba y hay mucho ruido.

5 Ayer corrí en un maratón.

6 He comido demasiado.

11 🔊 90 Escucha una conversación entre Laura y su médico y señala la opción correcta.

1 A Laura le duelen la cabeza y…
 a la garganta.
 b los oídos.
2 A Laura no le gustan…
 a las pastillas.
 b los jarabes.
3 El médico dice que Laura…
 a tiene fiebre.
 b está resfriada.
4 El médico recomienda…
 a tomar leche caliente.
 b beber mucha agua.
5 Después de la visita, Laura va…
 a a casa.
 b a la farmacia.

12 Lee los siguientes textos y relaciónalos con estos enunciados. Hay dos textos que no necesitas.

1 ☐ Se propone un remedio casero para el dolor de oídos.
2 ☐ Con este cupón recibes un descuento de 6 €.
3 ☐ En verano el horario cambia.
4 ☐ En la página web se puede hacer un cuestionario.
5 ☐ Hay una fecha límite para usar este descuento.
6 ☐ La clínica no atiende los lunes por la mañana.

a

Clínica Dental Lorenzo

¡Abrimos un nuevo centro!

Informamos a nuestros pacientes de que el 1 de octubre hemos abierto nuestro nuevo centro en Bertamiráns, en la calle Alcalde Lamela 26, bajo.

El nuevo centro atiende en este horario:
Lunes a jueves de 16:00 a 21:00.
Viernes de 9:00 a 16:00.

b

EL PODEROSO AJO

El ajo, por su poder antibiótico, puede ayudar con las infecciones de oídos. Haz una pasta con un diente de ajo y una cucharada de aceite de sésamo o de aceite de oliva. Caliéntala durante algunos minutos y déjala enfriar. Pon un algodón dentro del oído, con unas gotas de la mezcla.

c

CLÍNICA ATENEA

Informamos a nuestros pacientes de que durante los meses de julio y agosto nuestra consulta abre en un horario reducido:

Lunes a viernes: 9:00 - 16:30
Sábados: 9:00 - 15:00
Para emergencias, llamen al teléfono 112.

Disculpen las molestias.

d

¿Dolor de pies?

Aquí tienes algunas ideas para unos pies en forma:

- Baños de contraste con agua fría y caliente.
- Un auto-masaje con una botella de agua congelada desde la parte del talón hasta la punta de los dedos.
- Para pies cansados, masajea tus pies cada día con crema hidratante o con un aceite esencial.
- Camina sin zapatos para hacer tus pies más fuertes.

e Acupuntura Milenaria

Visítanos en nuestra clínica y recibe 2x1 en terapias de acupuntura presentando este cupón*.

Relajación Cara Espalda Piernas

*Válido hasta el 31 de diciembre.

Es necesario pedir cita por teléfono con antelación: 91 522 63 44.

f Gimnasio

CAMPO ABIERTO

¡Ya puedes conseguir un abono para este año!

Hay tres abonos diferentes:
- 12 meses: gimnasio + clases por 375 €
- 12 meses: gimnasio + clases + piscina por 700 €
- 6 meses: gimnasio + clases por 225 €

Para más información, puedes enviar un correo electrónico a gimnasio@campoabierto.es o llamar al teléfono 93 550 28 76.

g CLÍNICA CARBALLO
Cupón de descuento

Fisioterapia • Masaje terapéutico o relajante

6 € de **descuento** en tu 1ª sesión   Precio final 35 € **29 €**

Trae este cupón para conseguir tu descuento.
Oferta válida en nuestras consultas en Gijón y Oviedo.

h

 Fundación para la Diabetes

La **diabetes** se puede **prevenir**

¿SABES SI TIENES RIESGO DE TENER **DIABETES TIPO 2** A LO LARGO DE TU VIDA?

 Descúbrelo con este sencillo test y visita la página de la Fundación para la Diabetes para encontrar consejos para prevenir esta enfermedad: www.fundaciondiabetes.org

C SIÉNTETE BIEN

13 91-96 DELE Vas a escuchar seis anuncios de radio. Lee las preguntas y selecciona para cada anuncio la respuesta correcta.

1. El anuncio informa…
   a. de cómo participar en el programa de radio.
   b. del lugar donde se emite el programa.
   c. del horario del programa.
2. En las piscinas…
   a. hay entradas de dos precios diferentes.
   b. hay un horario diferente cada día.
   c. los niños tienen que ir acompañados de adultos.
3. La peluquería ofrece un descuento del 15 %…
   a. en todos los cortes de pelo.
   b. en la manicura si te haces un corte de pelo.
   c. durante el mes de agosto.
4. La matrícula en el centro Clara Miñón…
   a. es posible a partir de septiembre.
   b. se puede hacer ahora.
   c. empieza el próximo curso.
5. El anuncio informa sobre…
   a. un centro donde hacer tatuajes.
   b. una charla sobre tatuajes.
   c. los peligros de hacerse tatuajes.
6. El centro de estética natural Biosana…
   a. ofrece tratamientos con productos ecológicos.
   b. propone a sus clientes hacer dieta.
   c. tiene un nuevo local en la calle Allende.

ESTRATEGIAS PARA EL EXAMEN

Este ejercicio corresponde a la Tarea 2 de la Prueba 2. Escuchas seis mensajes breves y tienes que contestar a una pregunta de tres opciones sobre cada uno. Cada mensaje se escucha dos veces.

- Lee con atención las preguntas antes de escuchar y fíjate en las diferencias entre las opciones. La pregunta puede darte también una idea sobre el tema del mensaje.
- En la primera audición, intenta captar la idea general del mensaje e identifica el lugar donde puede estar la respuesta.
- En la segunda audición, pon especial atención a los lugares donde puede estar la respuesta.
- Si no estás seguro, elimina las opciones que no pueden ser correctas.

9 LA SALUD

14 Lee estos diálogos cortos y elige la perífrasis correcta.

1. • ¡**Voy a / Acabo de** hacerme la manicura semipermanente!
   ▪ ¡Uy, no! Mejor no. Después las uñas quedan en mal estado. Yo me la hice una vez, pero no he vuelto a hacérmela.
2. • ¡Anda! ¡Pero qué pelo tan liso!
   ▪ Es que **acabo de / voy a** hacerme un alisado japonés.
3. • **Estoy haciéndome / Voy a hacerme** la depilación con láser.
   ▪ ¿Ah, sí? ¿Y estás contento?
   • Sí, me han hecho tres sesiones, me faltan otras tres.
4. • ¡Qué gordito está Jacobo!
   ▪ Sí, el médico le ha dicho que **tiene que / ha dejado de** hacer deporte.
5. • Eliseo, tú participas a veces en medios maratones, ¿no?
   ▪ No, ya no. **Estoy corriendo / He dejado de correr** porque tengo problemas en la espalda. Ahora **he empezado a / acabo de** hacer pilates.
6. • Javi **dejó de / empezó a** fumar en enero y desde entonces lleva una vida más sana. ¡No **ha dejado de / ha vuelto a** probar un cigarrillo!
   ▪ ¿De verdad? ¡Qué buena noticia!

> **Recuerda**
>
> Las **perífrasis verbales** son combinaciones de dos verbos: uno está conjugado, el otro está en infinitivo, gerundio o participio:
> - acabar de + infinitivo: *Acabo de pedir una cita en el dentista.*
> - volver a + infinitivo: *Ana vuelve a vivir con sus padres.*
> - empezar a + infinitivo: *Los chicos han empezado a ir al gimnasio.*
> - dejar de + infinitivo: *Andrea ha dejado de ver a sus amigos.*
> - ir a + infinitivo: *Esteban y yo vamos a ir a la peluquería mañana.*
> - tener que + infinitivo: *Tengo que tomar un jarabe para la tos.*
> - estar + gerundio: *Pedro está haciendo una dieta.*

15 Mira la imagen y completa las frases con la perífrasis adecuada.

> acaba de - ha dejado de - ha empezado a - está - va a - vuelve a

1. Álex _____ hacer dieta.
2. Hace poco Romina _____ llevar gafas.
3. David _____ lavando el pelo a una clienta.
4. Desireé _____ llevar el pelo corto.
5. Romina _____ cortar el pelo a un cliente.
6. Victoria _____ llegar a la peluquería.

16 Sustituye la parte subrayada de la frase por una perífrasis.

Ute <u>ya no se tiñe el pelo</u>, ahora lo lleva gris.
Ute ha dejado de teñirse el pelo, ahora lo lleva gris.

1. Sofía <u>ya no se preocupa</u> tanto por su aspecto físico.
   _____
2. El mes pasado tuve gripe y ahora <u>estoy enfermo otra vez</u>.
   _____
3. <u>Hace unos minutos hemos visto</u> a Fernando en la calle.
   _____
4. <u>Ahora abren</u> muchos centros de estética en la ciudad.
   _____
5. <u>Yo antes no comía fruta, pero ahora sí</u>.
   _____

9 LA SALUD

17a Lee este fragmento de un artículo sobre cómo mejorar la autoestima. Marca después qué ideas aparecen en el artículo y anota en qué líneas. Recuerda que no necesitas conocer todas las palabras para entender las ideas más importantes del texto.

> **Fortalecer nuestra autoestima** es una de las mejores maneras para lograr una mayor calidad de vida en todos los aspectos de nuestra vida y lograr la superación personal que tanto anhelamos. (...) Si deseas **aumentar tu autoestima**, necesitas desafiar y cambiar algunas creencias que tienes sobre ti mismo/a. Esto puede parecer una tarea imposible, pero hay un montón de maneras diferentes de lograrlo:

(5) **1 Ejercicios de pensamiento positivo.**
(...) Haz una lista de varias cosas que te gustan de ti, podría incluir:
- La cualidad física que más te agrade: por ejemplo, tengo una bonita sonrisa.
(10) - Una cualidad de la que estés orgulloso/a: por ejemplo, soy paciente.
- Acciones positivas que haces: por ejemplo, hacer voluntariado.
- Habilidades que tienes: por ejemplo, soy muy metódico/a.
(15) Tómate tu tiempo, puedes hacer la lista durante varias semanas. Tu objetivo es hacer un **listado de 50 cosas diferentes**. Pon esta lista en un lugar visible para ti y échale un vistazo cada día. (...)
2 Practica tus aficiones preferidas.
(20) Esto podría abarcar desde el aprendizaje de un idioma, cantar, clases de pintura... Piensa cuál es **tu habilidad natural** o lo que siempre has querido probar. (...) Si puedes, apúntate a un curso de algo que verdaderamente te gusta (...).

(25) **3 Hacer ejercicio con regularidad.**
La actividad física es buena para la salud mental y se ha demostrado que mejora la autoestima de las personas y la sensación de bienestar. Caminar una hora diaria a buen ritmo puede ser un buen comienzo. (...) Si puedes (30) hacer ejercicio acompañado, mucho mejor.
4 Trata de dormir lo suficiente.
Los problemas de sueño pueden tener un serio impacto en la calidad de vida de las personas. Afloran los sentimientos negativos, reacciones exageradas, (35) irritabilidad y pérdida de confianza. (...) Algunas personas necesitan dormir ocho horas, para otras son suficientes seis. Una mente descansada está más protegida de los problemas diarios.
5 Comer de forma saludable.
(40) Comer de forma saludable tiene un impacto positivo en tu salud física y mental. Llevar una dieta bien equilibrada, con comidas siempre a la misma hora o beber mucha agua te ayudarán a sentirte más saludable y feliz. (...)

Información extraída de https://www.recursosdeautoayuda.com

	Está en el texto	Líneas
1 Tener una buena autoestima mejora nuestra calidad de vida.	☐	
2 Mejorar la autoestima no es fácil.	☐	
3 Para mejorar la autoestima es importante hacer listas.	☐	
4 Se recomienda hacer una lista de nuestros aspectos positivos.	☐	
5 Luego tienes que leer esa lista todos los días.	☐	
6 Se recomienda hacer actividades artísticas.	☐	
7 Es bueno dedicarse a una actividad que te gusta.	☐	
8 Hacer ejercicio nos hace sentirnos bien.	☐	
9 Hay que hacer ejercicio con otras personas.	☐	
10 Si dormimos poco, no podemos reaccionar bien ante las dificultades.	☐	
11 En cuanto a la alimentación, es importante tener horarios regulares.	☐	
12 Solo se debe beber agua.	☐	

17b Ahora completa la lista del texto con tus aspectos positivos.
- La cualidad física que más te gusta de ti: _____
- Una cualidad (no física) de la que estás orgulloso/a: _____
- Acciones positivas que haces: _____
- Habilidades que tienes: _____

17c ¿Qué otras cosas del artículo haces tú? Subráyalas en el texto.

9 LA SALUD

EN ACCIÓN

18 Relaciona los siguientes tratamientos y servicios con el establecimiento donde se realizan.

> uñas de gel - limpieza dental - corte de pelo - eliminación de tatuajes - masaje deportivo
> recorte de barba - manicura semipermanente - reflexología podal - pedicura - depilación láser
> blanqueamiento - alisado japonés - extensión de pestañas - diseño de tatuajes

Peluquería	Centro de estética	Clínica dental	Centro de fisioterapia	Estudio de tatuaje

19a Varias organizaciones que trabajan en el ámbito de la salud han elaborado una lista con los mayores problemas de salud en la actualidad, aquí tienes algunos de ellos. Relaciona las recomendaciones con los problemas. A veces hay más de una opción.

ENFERMEDADES
1 Enfermedades del corazón
2 Sobrepeso y obesidad
3 Tabaquismo
4 Consumo de alcohol y drogas
5 Problemas de salud mental
6 Enfermedades de transmisión sexual
7 Vacunaciones
8 Problemas causados por la contaminación

RECOMENDACIONES
a Camina como mínimo 30 minutos todos los días.
b Deberías vacunar a tus hijos según el calendario oficial.
c Usa el transporte público, así reduces la contaminación.
d Busca tiempo para ti mismo, es importante cuidarte.
e Deja de fumar.
f Si te gusta beber, bebe solo en ocasiones especiales.
g Deberías usar protección en todas tus relaciones.
h Para eso va muy bien reducir el consumo de sal.
i Haz yoga o meditación.
j Intenta comer menos azúcar.
k Lo mejor es vivir lejos de la ciudad.
l ¿Por qué no hablas con un psicólogo?

19b Añade en tu cuaderno dos recomendaciones más para cada problema.

Y PARA ACABAR...

Un dato curioso sobre el cuerpo humano:

Un problema de salud que tienes habitualmente:

Algo que acabas de hacer:

Información interesante de esta unidad:

10 CULTURAS

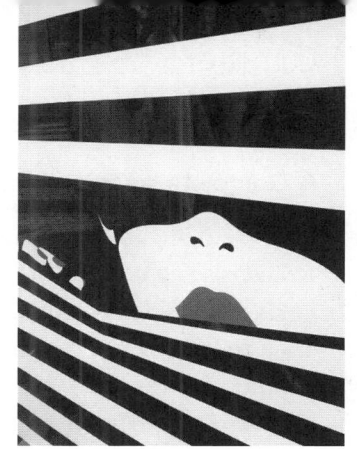

A UN BUEN BARRIO

1 Completa la tabla con el vocabulario del texto de la página 88 del libro del alumno y añade palabras que has aprendido en otras unidades.

Los servicios públicos	Las compras	La oferta de ocio	Los transportes
los colegios			

2 Completa la tabla con el adjetivo o sustantivo correspondiente.

	Sustantivo	Adjetivo
1	la seguridad	seguro/a
2		fácil
3	la tranquilidad	
4		peligroso/a
5	la antigüedad	
6		necesario/a
7	el ruido	

3a Mira las fotos de estos barrios. ¿Qué características relacionas con ellos?

tranquilo - bien comunicado - en el centro
zonas verdes - problemas de aparcamiento
histórico - parques infantiles - moderno
grandes supermercados - ruidoso - en las afueras
seguro - tiendas especializadas - dinámico

3b Lee lo que dicen estas personas sobre su barrio e indica a cuál de las fotos anteriores corresponde.

a ☐ LAURA
Mi barrio es genial. Tengo todo lo que necesito. Trabajo en una oficina cerca de mi casa y me encanta poder caminar al trabajo. Además, delante de mi edificio tengo una parada de autobús y tranvía, así que puedo moverme por la ciudad cómodamente. El precio de mi alquiler es un poco caro, pero ahorro dinero porque no necesito coche.

b ☐ ANDRÉS
Nuestro barrio es perfecto para mí. Vivimos aquí desde hace tres años y estamos muy contentos. Es tranquilo y nos sentimos muy seguros. Los niños pueden jugar en el parque infantil y hay muchas zonas verdes para disfrutar al aire libre. Lo malo es que tenemos que coger el coche casi todos los días, pero merece la pena.

c ☐ CARLOS
¡Me encanta mi barrio! Salgo a la calle y me siento feliz. Me gusta vivir en un lugar con tanta historia. A veces es un poco ruidoso, ¡pero es porque tiene mucha vida! Si me encuentro con un amigo, es muy fácil ir a cualquier bar que está cerca. ¡Hay muchos! Y también tiendas pequeñas, con encanto.

3c ¿Con qué persona te identificas más? ¿Por qué?

10 CULTURAS

4 Completa las frases con el verbo correcto: *es / está / hay*.

1 Lucas se ha comprado una casa nueva. _____ en las afueras de la ciudad.
2 La zona _____ muy tranquila y _____ muchos parques.
3 El barrio de Lorena _____ muy ruidoso, pero a ella le gusta porque _____ bien comunicado con el centro.
4 ¿_____ bares cerca de tu casa?
5 Visitamos una casa en un barrio que _____ un poco lejos de nuestros trabajos, pero _____ acogedor, seguro y barato.
6 En mi barrio _____ tres museos de arte, el mejor _____ al lado de mi casa.

5 Completa las frases con *lo / el / la*.

1 _____ bueno de vivir en el centro es no necesitar el coche.
2 De mis primas, _____ más tranquila es Catalina.
3 No tiene sentido _____ que me dijiste ayer.
4 Vieron muchos apartamentos antes de decidir, pero eligieron _____ mejor.
5 ¿Estas son las opciones? Creo que _____ más adecuada es la primera.
6 Tenemos que pensar un plan de acción. _____ mejor es reunirnos todos.
7 He visitado muchos países. _____ más impresionante, sin duda, fue Vietnam.
8 El ruido constante es _____ menos agradable de mi barrio.

B ¿TIENES SAL?

6 Completa el crucigrama según las definiciones. Tienes ayuda en el texto de la página 90 del libro del alumno.

1 Persona a la que pertenece una cosa o animal.
2 Instrumento que nos ayuda a hacer ciertos trabajos. Tradicionalmente era de hierro o metal, hoy en día puede ser digital.
3 Persona que se interesa mucho por las películas y el mundo del cine en general.
4 Atender a una persona mayor, un niño, un animal…
5 Superar el momento inicial de timidez en una relación.
6 En lenguaje coloquial, sustantivo del verbo "quedar".
7 Instrumento que tenemos en casa y con el que podemos llegar a lugares altos.
8 En femenino, persona que crea una empresa, empieza una iniciativa…

CULTURAS 10

7 🔊 97-103 📄 **DELE** Vas a escuchar siete mensajes que tienes que relacionar con un enunciado. Hay tres enunciados que no necesitas.

a ☐ Anuncia un evento con una persona famosa.
b ☐ Le piden su número de teléfono.
c ☐ Tiene un aparato que no funciona.
d ☐ Va a cuidar a los hijos de su amigo.
e ☐ Quiere comprar algo para otra persona.
f ☐ Informan del horario de apertura.
g ☐ Va a viajar durante diez días.
h ☐ No puede ayudar a su vecino.
i ☐ Informan sobre un concierto.
j ☐ Informa de un cambio de lugar.

ESTRATEGIAS PARA EL EXAMEN

Este ejercicio corresponde a la Tarea 4 de la Prueba 2. Escuchas siete mensajes y tienes que relacionar cada uno con un enunciado. Hay más enunciados que mensajes. Escuchas cada mensaje dos veces.
- Lee con atención los enunciados antes de la audición.
- En la primera audición, escucha el contenido general del mensaje y marca qué enunciados son posibles.
- En la segunda audición, elige cuál de tus opciones es la correcta.

8 ¿Qué verbo se necesita: *dejar / prestar* o *dar*? Marca la opción correcta.

1 • Ay, Paula, ¿te importa **prestarme / darme** tus gafas de sol? Es que he olvidado las mías en casa, y como tú no las estás usando…
  ▪ Claro, mujer, sin problema. Toma, toma.
2 • ¡Qué camiseta tan bonita!
  ▪ ¡Gracias! Era de Lautaro, pero como a él le queda pequeña, me la ha **dejado / dado**.
3 • ¡Oh, no! ¡He olvidado la cartera! ¿Puedes **dejarme / darme** un poco de dinero para un café?
  ▪ Sí, claro, sin problema. ¡Te invito yo al café!
4 • ¡Vaya! Quería llamar a mi hija, pero he venido sin el móvil.
  ▪ Toma, te **dejo / doy** el mío.
5 • Camila, ¡qué bolso más bonito tienes! ¿Es nuevo?
  ▪ No, no, es de Sofía. Me lo ha **prestado / dado** para venir a la fiesta.

¡Fíjate!
Los verbos *dejar* y *prestar* son sinónimos.

9a ¿Cómo pides los favores en las siguientes situaciones? Escríbelo y después grábate con tu móvil.

1 Tu coche está en el taller y mañana tienes que recoger a tus padres en la estación.
  _____
2 Necesitas un pañuelo de papel y no tienes.
  _____
3 Una lámpara de tu casa no funciona y tu vecino es electricista.
  _____
4 Estás comiendo con amigos y tu comida está un poco sosa. El salero está en la mesa, un poco lejos de ti.
  _____
5 Estás en clase de español y has olvidado el libro.
  _____

9b Escucha tus peticiones y comprueba estos aspectos.
• ¿Has hecho una pausa después de las palabras que sirven para llamar la atención del oyente?
• ¿Has usado un tono suave?

Recuerda

Cuando **hacemos una petición**,…
• empezamos con *oye / perdona / mira…* y hacemos una pausa después de estas palabras.
• la introducimos con *¿puedes / podrías / te importa / me das / me dejas / me ayudas…?*
• explicamos por qué la hacemos con *es que…*
• no siempre decimos *por favor*, pero utilizamos un tono suave.

10 ¿Cómo reaccionan las personas a los favores que les piden?

1 • Hola, perdona, es que quería hacer una tarta pero no tengo levadura, y como es domingo… ¿Tienes tú un poco?
  ▪ _____ (No tiene)
2 • Hola, Martina, ¿puedes quedarte mañana un rato con mi perro? Es que tengo que ir al supermercado y con este calor no puedo dejarlo en el coche.
  ▪ _____ (Sí puede)
3 • Oye, Masi, la próxima semana me voy de vacaciones. ¿Te importa regarme las plantas?
  ▪ _____ (No le importa)
4 • Lucas, hijo, baja la basura.
  ▪ _____ (No tiene muchas ganas, pero dice que sí)
5 • Oye, Benito, ¿puedes dejarme un poco de aceite? Pensé que tenía más, pero no.
  ▪ _____ (Sí puede)
  • Muchas gracias, mañana te traigo otra botella.

setenta y cinco 75

CULTURAS

11a Lee este escrito de una comunidad de vecinos y contesta a las preguntas.

COMUNIDAD DE VECINOS
El Nogal

Estimados vecinos:

Últimamente había en el patio muchas colillas de cigarrillos. Esto tiene lamentables consecuencias higiénicas, ya que en el patio juegan los niños, y ambientales, pues con la lluvia las sustancias tóxicas de las colillas se filtran al subsuelo. Además, resulta poco agradable estéticamente.

Por estos motivos y para solucionar la situación, se ha colocado en el patio un cenicero de exteriores en el que depositar las colillas. Por favor, utilícenlo. El servicio de limpieza lo vaciará una vez a la semana.

Muchas gracias por su colaboración.

Muy atentamente,

La comunidad de vecinos.

1 ¿Cuál es el problema? _____
2 ¿Qué consecuencias tiene? _____
_____
3 ¿Qué solución se ha llevado a cabo? _____
4 ¿Qué se pide a los vecinos? _____

11b Lee la siguiente situación y escribe en tu cuaderno una carta a los vecinos de parte de la comunidad para informarlos.

> Algunos vecinos escuchan música muy alta durante el día los fines de semana o por la noche; los otros vecinos no pueden escuchar su propia música o dormir; todos los vecinos deben escuchar la música con un volumen que no moleste a los demás.

C ¿ERES UNA PERSONA EDUCADA?

12 Relaciona el principio de cada frase con el final correspondiente.

1 Me gusta ser siempre puntual…
2 Hay ciertos lugares, como los hospitales,…
3 Juan Antonio es muy simpático, pero…
4 Ainhoa tiene un gran sentido de la discreción y…
5 En la puerta de embarque tuvimos que esperar…
6 Ignacio tiene estudios…
7 Sara tiene mucho sentido del…
8 Mi madre no puede evitar reírse…

a nuestro turno en la cola para subir al avión.
b humor y siempre está contando chistes.
c porque no me gusta hacer esperar a la gente.
d universitarios; por eso ha conseguido el trabajo.
e donde en teoría está prohibido levantar la voz.
f no tiene tacto y dice las cosas sin pensarlas.
g muy alto y la gente siempre la mira cuando lo hace.
h por eso nunca pregunta por la vida de los demás.

CULTURAS 10

13a Clasifica estos comportamientos en "buena educación" (BE) o "mala educación" (ME) según las costumbres de tu país.

		BE	ME
1	No esperar con la puerta abierta de nuestro edificio cuando se acerca un vecino.	☐	☐
2	Dejar nuestro asiento en el autobús a una mujer embarazada.	☐	☐
3	Interrumpir constantemente cuando nos están contando algo.	☐	☐
4	Corregir a otras personas cuando cometen un pequeño error.	☐	☐
5	Mirar nuestro teléfono móvil cuando el profesor habla con nosotros.	☐	☐
6	Sonreír cuando alguien nos está hablando.	☐	☐
7	Dar siempre los buenos días cuando llegamos a un lugar.	☐	☐
8	No esperar a los demás cuando vamos a comer.	☐	☐
9	Ayudar a una persona mayor con las bolsas de la compra.	☐	☐
10	Estornudar y cubrirnos la boca.	☐	☐
11	Quitarse los zapatos en un lugar público.	☐	☐
12	Dar siempre las gracias y pedir las cosas por favor.	☐	☐

13b Piensa ahora dos comportamientos más que son de "buena educación" y dos de "mala educación" en tu país.

14 🔊 104 Escucha las recomendaciones de una *youtuber* sobre cómo tener buenos modales y contesta a las preguntas.

1 Si llego tarde a una reunión con un amigo, puedo escribirle…
   a cinco minutos antes.
   b diez minutos antes.
   c una hora antes.
2 Según esta *youtuber*, ¿qué puedo llevar cuando me invitan a cenar a casa de otra persona?
   a Flores.
   b Libros.
   c El postre.
3 Cuando estoy hablando por teléfono, es importante…
   a levantar la voz.
   b decir a todo el mundo que estoy hablando por teléfono.
   c hablar con un nivel ni muy alto ni muy bajo.
4 Si me invitan a una fiesta,…
   a es de buena educación invitar a más gente.
   b no puedo llevar a más invitados.
   c es de mala educación ir solo.
5 ¿Qué dice sobre nosotros llegar tarde a una cita?
   a Refleja una imagen nada positiva sobre nosotros.
   b Refleja que somos personas con muchas responsabilidades.
   c Refleja que tenemos demasiados eventos sociales.
6 Si voy por la calle y mi acompañante se para a hablar con una persona que yo no conozco,…
   a me paro pero no saludo.
   b me paro y saludo a esta persona.
   c dejo que mi madre o mi amiga hable.
7 ¿Qué hago con mi teléfono móvil durante una cena?
   a Tengo que compartir mis mensajes con las otras personas.
   b Tengo que dejar el teléfono móvil en casa.
   c Puedo dejar el teléfono móvil en un lugar menos visible.

10 CULTURAS

15a Lee estos testimonios de turistas y decide qué país de la lista han visitado.

España - Japón - Alemania - Estados Unidos - Escocia

JEREMY: "En _____ normalmente se quitan **(1) los / Ø** zapatos antes de entrar en **(2) la / Ø** casa. Si visitan a alguien, normalmente se ponen **(3) unos / Ø** calcetines para no pasar frío en **(4) los / Ø** pies. Además, en **(5) el / Ø** tren, es bastante habitual quitarse **(6) los / Ø** zapatos también".

SUSANA: "Casi todos los estudiantes en _____ viven en **(1) el / Ø** campus de **(2) la / Ø** universidad y a veces van a **(3) una / Ø** clase en **(4) el / Ø** pijama. Hacen muchos **(5) los / Ø** deportes y también participan en **(6) las / Ø** actividades extracurriculares, como **(7) la / Ø** orquesta, **(8) el / Ø** club de debate, **(9) el / Ø** voluntariado, etc. Muchos viven lejos de **(10) la / Ø** familia y no los pueden visitar con mucha frecuencia".

KEVIN: "En _____ **(1) la / Ø** gente come y cena mucho más tarde que en otros **(2) los / Ø** países. ¡Fuimos a **(3) un / Ø** restaurante a **(4) las / Ø** ocho y estaba cerrado! Todos se van a **(5) la / Ø** cama más tarde, ¡incluso **(6) los / Ø** niños! Otra diferencia es que aquí casi todos tienen dos apellidos: **(7) el / Ø** apellido de su padre y **(8) el / Ø** de su madre".

HEIKE: "En _____ lo que más me sorprendió es que es de **(1) una / Ø** buena educación hacer ruido cuando comes. Eso significa que **(2) la / Ø** comida está buena. Por **(3) el / Ø** contrario, es de **(4) una / Ø** mala educación comer en **(5) la / Ø** calle. Otra curiosidad es que cuentan con **(6) los / Ø** dedos de **(7) las / Ø** manos de manera diferente".

HARUKA: "¡En _____ **(1) los / Ø** hombres llevan **(2) una / Ø** falda! Es parte de **(3) la / Ø** cultura e historia, pero no es habitual para mí. **(4) Una / Ø** cosa que no me gustó fue que muchas veces **(5) los / Ø** baños están separados en dos habitaciones. **(6) La / Ø** mayoría de las tiendas cierran muy pronto, a las seis o seis y media. ¡Ah! Y llueve muchísimo".

15b Lee otra vez los testimonios y marca si es necesario o no el artículo.

16 Sustituye las partes en negrita por *el mío, los tuyos, la nuestra*, etc.

1. En este barrio hay muchos servicios públicos, pero en **nuestro barrio** casi no hay. _____
2. Mi restaurante favorito es Verduras Verdaderas, ¿cuál es **tu restaurante favorito**? _____
3. Hace años la gente tenía buena relación con sus vecinos, pero yo a **mis vecinos** ni los conozco. _____
4. No me gusta cuando mi familia me pregunta por mi vida privada, ¡yo no les pregunto por **su vida privada**! _____
5. Tenemos que estar abiertos a otras formas de ver el mundo, **nuestra forma de ver el mundo** no es siempre la correcta. _____
6. ¿Te pones a mirar las notificaciones de tu teléfono móvil si un amigo mira **sus notificaciones**? _____
7. Mi amiga Irene no está muy contenta en su trabajo, pero yo en **mi trabajo** soy muy feliz. _____
8. ¿Esos libros de español son **tus libros de español** o son **mis libros de español**? _____ / _____

EN ACCIÓN

17 🔊 105-110 📄 **DELE** Vas a escuchar seis conversaciones y tienes que contestar a las siguientes preguntas.

1 ¿Qué quiere cocinar la mujer?

2 ¿Qué no hay cerca de la casa?

3 ¿Qué le duele al hombre?

4 ¿Qué objeto no van a comprar?

5 ¿Qué necesita el hombre?

6 ¿Adónde fue la mujer?

ESTRATEGIAS PARA EL EXAMEN

Este ejercicio corresponde a la Tarea 1 de la Prueba 2. Escuchas seis conversaciones cortas e informales y tienes que contestar a seis preguntas con tres opciones cada una. Las opciones son fotos o imágenes. Escuchas cada conversación dos veces.
- Lee la pregunta y piensa cómo se llaman los objetos o lugares que ves en las imágenes. No te preocupes si no conoces alguna palabra, puedes eliminar por el contexto.
- En la primera audición, intenta comprender la conversación en general.
- En la segunda audición, localiza el momento en que se dice la respuesta.
- Pon atención porque es posible que en la conversación se hable de elementos de diferentes imágenes, pero solo hay una respuesta correcta.

Y PARA ACABAR...

Lo que más te gusta de tu barrio o pueblo:

Un problema que has tenido con tus vecinos:

Un comportamiento que no te gusta:

Información interesante de esta unidad:

TRANSCRIPCIONES

UNIDAD 1

Pista 1
1 Prefiero ducharme por las mañanas.

Pista 2
2 No me interesa mucho la moda.

Pista 3
3 Me encantan las películas en blanco y negro.

Pista 4
4 No hago mucho ejercicio.

Pista 5
5 No me gusta poner leche en el café.

Pista 6
6 Me gusta la comida picante.

Pista 7
1 Buenas tardes, me llamo José Luis y soy mexicano. Tengo veintiséis años, vivo en Guadalajara y trabajo en un hospital de la ciudad. Soy enfermero. Me encanta mi trabajo, pero lo más difícil es que siempre tengo un horario diferente: a veces trabajo por el día y otras, por las noches. Cuando trabajo por las noches, empiezo a las diez y acabo a las seis de la mañana. Al día siguiente tengo que dormir durante el día. En mi tiempo libre me gusta ver a mis amigos y también voy a clases de baile en mi gimnasio, aunque a veces es complicado adaptar las actividades a mi horario de trabajo.

Pista 8
2 ¡Hola! Soy Marcos y tengo treinta y dos años. Soy español, pero vivo en Uruguay. Mi esposa, Luci, es uruguaya y tenemos dos hijos: Carla, de cinco años, y Manuel, de dos. Aquí vemos mucho a la familia de Luci, ella tiene cinco hermanos y ocho sobrinos y siempre tenemos celebraciones, fiestas de cumpleaños… Mis padres son Manolo y Ana: ellos y mis dos hermanas están en España, en Ávila, y nosotros vamos una o dos veces al año. Yo soy el hermano más pequeño, Carmen es la mayor y Silvia es la del medio. Carmen también tiene una hija de cinco años, Nuria.

Pista 9
3 ¡Hola! Me llamo Lidia, soy de Venezuela y vivo en la capital, Caracas. Tengo veinticinco años y soy cocinera en un restaurante. La cocina es mi pasión. En mi trabajo la comida es tradicional venezolana, pero en casa me encanta preparar platos de todo tipo y de diferentes culturas. Por ejemplo, preparo guacamole todos los fines de semana, ¡a mis hijos les gusta mucho! Mi comida favorita es la japonesa. Me encantan el pescado y el arroz y cuando preparo sushi, me parece que el plato es una obra de arte.

Pista 10
MARÍA (M): Hola, Harry, ¿qué tal todo?
HARRY (H): Muy bien, ¿y tú? ¿Qué haces aquí, en la biblioteca?
M: Pues he pedido información sobre un curso que ofrecen en agosto.
H: ¿Ah, sí? ¿De qué es el curso?
M: De arte.
H: ¡Qué interesante!
M: Sí, eso espero. Me gusta mucho el arte, pero nunca he ido a una clase.
H: ¿Dónde son las clases?
M: En la facultad de Historia, pero vamos a hacer visitas a diferentes museos.
H: ¡Genial! Yo también voy a hacer un curso de verano, de español.
M: ¡Qué bien! ¡A ti te encanta hacer cursos de idiomas! ¿Cuándo es el curso?
H: Empieza el uno de julio. Tengo clases de español, pero también un taller de escritura creativa. Hay muchas actividades más.
M: ¡Estupendo! Y seguro que vas a conocer a muchas personas nuevas. ¿Y sabes cómo son las clases?
H: Ya he hecho un curso en esta escuela y las clases son muy divertidas. ¡Ay!, y también hay noches de tapas. ¡Tienes que venir!
M: ¿Noches de tapas! ¡Claro que voy! Por cierto, si quieres tomar unas tapas, te recomiendo el nuevo bar que está en mi calle, se llama La Flor. He ido varias veces y está muy bien.
H: ¡Ay! ¡Tapas! Ahora tengo hambre. ¿Vamos a tomar algo? ¿Tienes tiempo ahora?
M: ¡Vale! Pero antes necesito ir a la librería para comprar mi libro de arte.
H: ¿En la librería Universitas?
M: Sí, ¿vienes conmigo?
H: ¡Claro! Así yo miro la sección de música.
M: Perfecto, ¡vamos!

Pista 11
1 Para mí es importante el trabajo individual que hago en casa. Siempre leo otra vez lo que hemos hecho en clase, marco las palabras que quiero aprender y hago los ejercicios del cuaderno.

Pista 12
2 Yo ahora no hablo mucho inglés, pero no quiero olvidar lo que aprendí en la escuela. Por eso veo series de televisión en versión original. Al principio las veo con subtítulos, pero después de varios capítulos las veo sin subtítulos. No comprendo todo, pero no me importa.

Pista 13
3 Yo tengo problemas para entender a la gente, por eso escucho la radio. La escucho en el baño o mientras cocino, limpio… Al principio no entendía nada, claro, pero cada día entiendo un poco más.

Pista 14
4 A mí no me gusta ir a clase, estudiar con libros, hacer deberes… Yo tengo que ir al país donde hablan la lengua. Estar allí, escuchar a la gente y hablar con ella. Así aprendo.

Pista 15
5 Para mí lo ideal es hacer un intercambio de lenguas. Por ejemplo, para practicar español yo quedo con una persona de habla hispana que aprende inglés, mi lengua materna. Vamos a una cafetería y hablamos un poco de español y un poco de inglés. ¡Es genial!

UNIDAD 2

Pista 16
1 Mis hijos y yo desayunamos juntos todos los días a las siete y media de la mañana.

Pista 17
2 Por la tarde, ¿a qué hora vuelves normalmente del trabajo?

Pista 18
3 El próximo viernes, Osaro y Niklas vienen a cenar a nuestra casa.

Pista 19
4 Buenos días, señora Rosales, ¿cómo está usted hoy?

TRANSCRIPCIONES

Pista 20
5   Después de la clase de aerobic me ducho y me visto en el gimnasio.

Pista 21
6   Rosi disfruta mucho de su jardín y de la vida tranquila en su pequeño pueblo.

Pista 22
7   ¡Buenas tardes y bienvenidos! Si quieren, pueden pasar ya a la sala del concierto.

Pista 23
8   ¿Dónde coméis normalmente a mediodía: en casa o en el trabajo?

Pista 24
1   pasa - paso - pasáis

Pista 25
2   vivir - vivís - vives

Pista 26
3   vuelves - volvéis - vuelven

Pista 27
4   trabajáis - trabajar - trabajas

Pista 28
5   empezar - empieza - empezáis

Pista 29
6   pides - pedir - pedís

Pista 30
Comienzo mi aventura por la zona más famosa de Colombia: el Eje Cafetero.

Llego del aeropuerto a mi primer destino: Calarcá. En Calarcá visito el mercado, donde veo muchos productos frescos de la zona, especialmente frutas y verduras. En Colombia llaman a los mercados "galerías".

Después del mercado tengo hambre, así que voy hasta un restaurante para comer una bandeja paisa, un plato típico con muchas cosas: carne, huevo, arroz, frijoles, aguacate… ¡Es delicioso!

En el Eje Cafetero hay paisajes impresionantes y se pueden hacer muchas actividades diferentes, pero yo estoy aquí por el café. Mi hotel, por ejemplo, es una antigua finca de café: poder dormir aquí es una de las cosas más especiales del Eje Cafetero.

El segundo día voy a ver una plantación de café. Voy en un *Willy*: los *Willys* son carros de los años cincuenta. En otros lugares del mundo son carros de colección, pero en el Eje Cafetero son muy importantes para ir a las fincas, a la escuela…

En Pijao visito el café La Floresta y aprendo a hacer un café suave, no concentrado, para poder apreciar los sabores maravillosos. En el carro, vamos por unos paisajes de montaña impresionantes y por fin llego a la Hacienda San Alberto. Allí aprendo sobre la producción de café: primero es una flor, luego una fruta y, después, un grano de café.

¡Después de unos días aquí he aprendido muchas cosas sobre el café y la gente del Eje Cafetero!

UNIDAD 3
Pista 31
Hay objetos que tienen un pasado y cobran interés en aquellos que desean coleccionarlos. Desde motocicletas del siglo XX, una réplica de un soldado de terracota, o una barca de dos metros, son algunas de las antigüedades que integran la colección de Gabriel del Campo, un argentino que adquiere objetos que le emocionan para después venderlos en el anticuario en el que reside.

(…)

En uno de sus depósitos, llegó a acumular diecisiete mil piezas en 2010, hasta que en un momento decidió dejar de contabilizar lo que adquiría.

"Me convertí en esto que…: tengo una moto porque me gusta, tengo autos porque me gustan, tengo lanchas viejas, tengo muebles, tengo estatuas rotas cualquier cosa que me conecte y que me provoque una emoción, la cargamos".

Entre los objetos que llenan sus locales, se encuentran una chaqueta de cuero del cantante de rock estadounidense Buddy Holly, coches que recorrieron las calles con el expresidente argentino Juan Domingo Perón al volante y maletas de Louis Vuitton, que una familia aristocrática argentina utilizó para viajar en barco para pasar seis meses en París y Londres.

(…)

Un lugar que invita a perderse entre objetos que fueron testigos del pasado de Argentina y que ahora tienen una segunda oportunidad.

Pista 32
a/bue/lo - pa/ís - te/a/tro - vein/te - Ma/rí/a - Lau/ra - rí/o - pia/no - no/via - po/e/ma - san/da/lia - pue/blo - pa/e/lla - a/cei/te - ma/es/tro

Pista 33
abuelo - veinte - Laura - piano - novia - sandalia - pueblo - aceite

Pista 34
PETER (P): Cristina, estos son mis compañeros de español, ¡nuestra clase es muy divertida!

CRISTINA (C): ¡Qué foto más bonita!

P: ¡Gracias! Mira, delante de mí está Lidia, ella es la más trabajadora de la clase. A la derecha de Lidia se sienta Jean-Claude, él es francés y viene todos los veranos a mi escuela para aprender español, ¡le encanta!

C: ¿Viene todos los veranos a la misma ciudad?

P: Sí, es que su hija vive aquí y así también la visita.

C: ¿Quién es la chica que está detrás de Jean-Claude?

P: Esa es Ariadna; ella y su hermana Despi son de Grecia. Y entre las dos chicas está Daniel, él es profesor de matemáticas, ¡como yo!

C: ¡Vaya! ¡Qué casualidad!

P: Delante de Daniel está Henry, en la foto parece un chico serio, pero él y Markus, que está a la izquierda de Despi, siempre están haciendo bromas.

C: ¿Y cómo se llama el chico que está al lado de Henry?

P: Ese es Dimitri, de Ucrania. Trabaja aquí para una empresa de su país.

Pista 35
FERNANDO (F): Bueno, Ana, tú llevas ya… creo que seis años aquí, ¿no?

ANA (A): Pues sí, seis años y medio… pero estoy contenta, me gusta vivir aquí.

F: ¿Ah, sí? ¿Y por qué, qué te gusta?

A: No sé… Me gusta la gente, por ejemplo. Hay de todo, claro, pero, en general, me parece muy amable. Aquí se dice "por favor" y "gracias" y eso en España no se hace mucho y creo que es una pena.

F: Ah, claro, yo no noto diferencia, porque en México sí decimos normalmente "por favor" y "gracias".

A: Ya, sois más educaditos… También me parece que aquí la gente es más seria, o sea, no quiero decir que no son simpáticos,

TRANSCRIPCIONES

sino… Por ejemplo, en España una persona te dice "Tenemos que quedar para tomar un café", pero luego nunca se queda. Parece que no hay interés de verdad. ¿Sabes lo que te digo?

F: Ajá…

A: En cambio aquí, sí. Si alguien te dice "Tenemos que quedar para un café", días más tarde se queda para tomar ese café.

F: Sí, eso es cierto. Pero mira, ¿no te parece que a veces es todo demasiado tranquilo? En los camiones, por ejemplo, ¡todo el mundo va en silencio! ¡Yo extraño el ruido de las calles de México!

A: ¡Jajaja! ¿De verdad?

F: Sí, jaja. En cambio, adoro la puntualidad. En México decimos "ahora" o "ahorita" y no se sabe cuándo va a ser, pero aquí se cumplen los horarios…

A: Ay, pero a veces la gente llega demasiado puntual a una invitación, ¡llega incluso antes de la hora!

F: ¡Ay, sí! ¡Eso no me gusta nada! ¡Jajaja!

A: Oye, algo que es superdiferente es la comida, ¿verdad? Yo echo de menos el pan blanco con las comidas. Es que en España siempre se acompaña la comida con pan y me encanta. ¿Y tú?, ¿echas de menos alguna comida?

F: Bueno… claro que extraño los tamales y los moles… y nuestras tortillas. Pero eso es normal, ¿no? Todo el mundo extraña un poco la comida de su país.

A: Sí, supongo que sí.

UNIDAD 4

Pista 36

Rodrigo (R): ¿Qué tal, Cristian? ¿Has encontrado algo?

Cristian (C): Sí, me gusta este jersey blanco de aquí, tengo que preguntar si hay mi talla.

R: ¡Ah! ¡Sí, qué bonito! Pero ese verde me gusta más. Y quieres unos vaqueros, ¿no? ¿Has visto aquellos?

C: Sí, aquel vaquero negro está bien. Me lo voy a probar. También he mirado estas gorras grises, ¿te gustan?

R: No están mal, pero son mejores aquellas negras de allí.

C: Bah, creo que no voy a comprar una gorra hoy. ¿Y tú? ¿Te interesa algo?

R: Pues, necesito una camisa para la boda de mi hermana, y he mirado estas que están aquí. ¿Qué te parece esta?

C: ¡Esa está muy bien! ¡Qué color más bonito! ¿Y cuánto cuesta?

R: Ese es el problema: es un poco cara… ¡Pero mi hermana solo se va a casar una vez!

Pista 37
1   En Centroamérica.

Pista 38
2   Sí, tengo dos.

Pista 39
3   Sí, en el centro.

Pista 40
4   No, se llama Claudia.

Pista 41
5   Tengo tres. Yo soy el más pequeño.

Pista 42
6   Se llama María.

Pista 43

Lidia (L): ¡Hola, Raúl! ¡Qué casualidad! ¿Qué tal, cómo estás?

Raúl (R): ¡Hola, Lidia! Pues muy bien, por aquí, comprando algunas cosas para irnos de viaje.

L: ¿De viaje? ¿De verdad? ¿Y adónde vais?

R: Pues nada, resulta que Víctor y yo hemos cogido tres semanas de vacaciones y hemos alquilado una autocaravana para irnos de viaje con los niños. Queremos ir al norte de España, a los Pirineos y por ahí.

L: ¡Genial! ¡Qué buena idea! Y vais a hacer senderismo, me imagino.

R: Sí, ya sabes que nos encanta. También llevamos las bicicletas para hacer alguna ruta.

L: Pues el año pasado Paula y Fran también alquilaron una autocaravana, pero ellos fueron a Portugal, a la costa.

R: Sí, me lo contó Paula. Con los niños es genial lo de la autocaravana. Pero, dime, ¿qué vas a hacer tú? ¿Tienes vacaciones?

L: ¡Uy, no! Yo hasta finales de septiembre, nada. En verano es cuando tenemos más alumnos en la escuela, así que me toca trabajar.

R: Vaya… Oye, nosotros no nos vamos hasta el lunes. ¿Por qué no quedamos mañana para cenar? Podemos avisar también a Paula y Fran.

L: Ah, pues es una buena idea. ¿Cenamos en mi casa?

R: No, mujer, que es mucho trabajo.

L: ¡Qué va! A mí me encanta cocinar. Además, quiero probar una receta nueva. Y para los niños hacemos pasta.

R: Vale, pues vamos a tu casa, pero vamos sin los niños, así estamos más tranquilos. Ya llamo luego a Paula para organizarlo.

L: ¡Perfecto! Nos vemos entonces mañana sobre las nueve en mi casa.

R: Muy bien. Voy a acabar mis compras. ¡Hasta mañana entonces!

L: ¡Adiós, hasta luego!

Pista 44
1   [Sonido de ducha]

Pista 45
2   [Sonido de información meteorológica en la radio]

Pista 46
3   [Sonido de cocinar]

Pista 47
4   [Sonido de lavarse los dientes]

Pista 48
5   [Sonido de ver un partido de tenis]

Pista 49
6   [Sonido de abrir la puerta / entrar en casa]

Pista 50
7   [Sonido de escribir en el ordenador]

Pista 51
8   [Sonido de calentar comida en el microondas]

UNIDAD 5

Pista 52

Ana (A): Bueno, Letizia, entonces tú tienes tres lenguas maternas porque… tú naciste en Argentina, ¿no?

Letizia (L): Bueno, en realidad, yo nací en Sudán.

TRANSCRIPCIONES

A: ¿De verdad? Pero no creciste allí, ¿no? ¿Cuánto tiempo estuviste en Sudán?
L: Muy poco. A los dos años toda mi familia se fue para Buenos Aires por el trabajo de mi papá. Yo crecí en la Argentina.
A: Ah, vale… ¿Y por qué hablas francés?
L: Bueno, porque en Buenos Aires fui a la escuela francesa y allá todo es en francés.
A: Ah, ya entiendo… Pero, ¿y el italiano? ¿Estudiaste luego en Italia?
L: No… En realidad, estudié en España y en Francia, pero hablo italiano ¡porque mis papás son italianos!
A: ¡Aaahh! Oye, ¡pero tú has vivido en muchos países!
L: Sí, bueno, por el trabajo de mi papá, pero no siempre fue fácil, la verdad…

Pista 53
empezamos - hice - encontró - rápido - compro - estudió

Pista 54
1 Hola, Marga, y hola a todos. Gracias por tu invitación a venir hoy aquí.

Pista 55
2 Bueno…, tiene una explicación, sí. Es que yo crecí en España, pero mi familia es de Italia y de Alemania. De ahí viene el nombre.

Pista 56
3 Sí, así es. Estamos acostumbrados a leer u oír hablar de biografías de personas famosas, pero, en realidad, cada uno de nosotros tiene una historia diferente y una vida interesante que contar. Yo creo que cada uno de nosotros debería contar su historia para las generaciones futuras. Y lo que yo hago es escribir las biografías de esas personas que se deciden a hacerlo.

Pista 57
4 Pues es un proceso que dura varios meses. En la primera fase hay muchas horas de conversación. Yo entrevisto a la persona y ella me habla de su vida, sus recuerdos, sus anécdotas…

Pista 58
5 Sí, claro, indudablemente. En un primer encuentro es importante ver si nos entendemos y si es posible crear esa confianza. Si no hay química entre nosotros, no podemos trabajar juntos.

Pista 59
6 Sí. A partir de las conversaciones yo voy escribiendo el texto. Pero el cliente o la clienta tiene también mucho trabajo, porque tiene que leer lo que escribo, completar la información, corregirla…

Pista 60
7 Generalmente, no. Normalmente, las personas con las que trabajo lo que quieren es dejar su historia para sus nietos, por ejemplo, y lo que hacen es imprimir algunos ejemplares para familiares y amigos.

Pista 61
8 Sí, es verdad que muchos de mis clientes son empresarios o empresarias que quieren contar su vida o también la historia de la empresa, pero no solo… ¡Yo animo a todo el mundo a escribir su biografía! De hecho, también ofrezco talleres para ayudar a la gente que quiere hacerlo.

Pista 62
9 Sí, así es. De joven nunca me interesé por las historias de mis abuelos y luego mis abuelos murieron y se llevaron sus historias con ellos. Entonces me dio mucha pena no conocer sus recuerdos de infancia y de juventud, o su día a día durante la guerra, sus miedos, sus alegrías… Creo que tiene un valor incalculable conocer el pasado de tu familia. Además, es una gran experiencia personal escribir la propia biografía.

Pista 63
Marga (M): Buenas noches, queridos amigos. Bienvenidos a "Personas que dan que hablar". Esta noche está conmigo en el estudio un hombre que se dedica a algo muy especial: escribe biografías. Christian Duelli, bienvenido. Gracias por estar aquí con nosotros.
Christian (C): Hola, Marga, y hola a todos. Gracias por tu invitación a venir hoy aquí.
M: Antes de nada, Christian, tengo curiosidad por tu nombre: Christian Duelli. ¿De dónde viene ese nombre tan original?
C: Bueno…, tiene una explicación, sí. Es que yo crecí en España, pero mi familia es de Italia y de Alemania. De ahí viene el nombre.
M: Con esa procedencia tan especial, no me sorprende tu profesión. Christian, tú escribes biografías, ¿verdad? Pero no de famosos, sino de personas que no todos conocemos…
C: Sí, así es. Estamos acostumbrados a leer u oír hablar de biografías de personas famosas, pero, en realidad, cada uno de nosotros tiene una historia diferente y una vida interesante que contar. Yo creo que cada uno de nosotros debería contar su historia para las generaciones futuras. Y lo que yo hago es escribir las biografías de esas personas que se deciden a hacerlo.
M: ¿Y cómo funciona el proceso? ¿Cuáles son los pasos hasta tener la biografía?
C: Pues es un proceso que dura varios meses. En la primera fase hay muchas horas de conversación. Yo entrevisto a la persona y ella me habla de su vida, sus recuerdos, sus anécdotas…
M: Me imagino que esas personas, tus clientes, tienen que tener mucha confianza en ti.
C: Sí, claro, indudablemente. En un primer encuentro es importante ver si nos entendemos y si es posible crear esa confianza. Si no hay química entre nosotros, no podemos trabajar juntos.
M: Claro… Y después de las entrevistas, con el material que tienes, escribes el libro, ¿no?
C: Sí. A partir de las conversaciones yo voy escribiendo el texto. Pero el cliente o la clienta tiene también mucho trabajo, porque tiene que leer lo que escribo, completar la información, corregirla…
M: ¿Y luego ese libro se publica y se vende en las librerías?
C: Generalmente, no. Normalmente, las personas con las que trabajo lo que quieren es dejar su historia para sus nietos, por ejemplo, y lo que hacen es imprimir algunos ejemplares para familiares y amigos.
M: Pero, Christian, dinos, ¿qué tipo de personas son tus clientes? ¡Porque me imagino que no todo el mundo puede pagar a alguien como tú para escribir su biografía!
C: Sí, es verdad que muchos de mis clientes son empresarios o empresarias que quieren contar su vida o también la historia de la empresa, pero no solo… ¡Yo animo a todo el mundo a escribir su biografía! De hecho, también ofrezco talleres para ayudar a la gente que quiere hacerlo.
M: Es decir, que das a la gente las herramientas para escribir… Oye, ¿y cómo empezaste tú a hacer este trabajo? Porque creo que estudiaste Economía y trabajaste en el mundo del turismo, ¿no?

TRANSCRIPCIONES

C: Sí, así es. De joven nunca me interesé por las historias de mis abuelos y luego mis abuelos murieron y se llevaron sus historias con ellos. Entonces me dio mucha pena no conocer sus recuerdos de infancia y de juventud, o su día a día durante la guerra, sus miedos, sus alegrías… Creo que tiene un valor incalculable conocer el pasado de tu familia. Además, es una gran experiencia personal escribir la propia biografía.

M: ¡Qué bonito! Christian, muchísimas gracias por estar hoy aquí con nosotros. Y, queridos amigos, ya sabéis, empezad a tomar nota de vuestros recuerdos y los momentos importantes de vuestra vida. Como dice Christian Duelli, conocer nuestro pasado tiene un gran valor.

UNIDAD 6

Pista 64

Hoy les voy a contar cómo hacer arroz con leche. El arroz con leche es uno de mis postres favoritos. Esta sabrosa versión que me mandó mi tía desde Colombia, es dulce y cremosa.

Para empezar, en una olla, ponga dos tazas de agua y cuatro ramas de canela y cocine durante diez minutos. Después de diez minutos, saque las ramas de canela.

Después, eche una taza de arroz en el agua de canela y cueza el arroz cinco minutos a fuego medio.

A continuación, añada primero una pizca de sal, dos cucharadas de mantequilla y una cucharada y media de extracto de vainilla y mezcle bien. Y después, añada también dos tazas de leche y una de azúcar, y cocine sin tapar durante quince minutos aproximadamente.

Después de quince minutos, agregue dos tazas más de leche y una taza y media de leche condensada y mezcle con una cuchara de madera. Cocine durante una hora y quince minutos, el arroz tiene que estar espeso.

Saque del fuego y déjelo enfriar a temperatura ambiente. Luego enfríe el arroz con leche en la nevera una hora o toda la noche. Sirva muy frío.

UNIDAD 7

Pista 65

1 • ¿Te gusta? Creo que me la voy a llevar.

   ▪ ¡Pero cómo te la vas a llevar! ¿Tú has visto el precio?

Pista 66

2 • Dime, ¿cómo me quedan?

   ▪ ¡Te quedan muy bien!

   • ¿Sí? Pues me las llevo.

Pista 67

3 • Hmm… Yo creo que te queda un poco estrecha.

   ▪ ¡Qué pena! ¡Con lo bonita que es!

Pista 68

4 • ¿Qué te parece este?

   ▪ Bueno, es muy bonito y, además, está muy bien de precio.

Pista 69

5 • Mira qué bonitos, me los voy a probar.

   ▪ ¿Qué tal te quedan?

   • Pues un poco pequeños, voy a preguntar si tienen un número más.

Pista 70

6 • Lo siento, pero te queda fatal.

   ▪ ¿De verdad? ¡Pues entonces no me lo llevo!

Pista 71

1 Visitad el museo de arte contemporáneo.

Pista 72

2 Comprad las entradas con antelación.

Pista 73

3 Viaja al desierto en invierno.

Pista 74

4 Comed la comida típica, ¡está buenísima!

Pista 75

5 Compra *souvenirs* para amigos y familiares.

Pista 76

6 Si hace mucho calor, usa crema solar.

UNIDAD 8

Pista 77

Sofía (S): Mirad qué artículo más interesante, seguro que vosotros recordáis estas cosas.

Nacho (N): ¡Anda, claro! Yo utilizaba una máquina de escribir como esta para hacer mis deberes en la universidad.

Aurora (A): Sí, sí, yo también. Tardaba horas para escribir una página y gastaba muchísimo papel.

N: ¿Y el teléfono? Solo teníamos teléfono en casa y no perdíamos el tiempo como ahora con el móvil.

A: No, perdíamos el tiempo con el fijo. ¿No te acuerdas de las horas que pasábamos al teléfono? Yo tenía uno en mi habitación, el problema era que los abuelos escuchaban mis conversaciones con el teléfono que había en el salón.

N: Sí, me acuerdo de eso, así conocí a tu padre.

S: ¡Qué horror! Afortunadamente ahora la vida es más fácil que antes.

N: Pues yo creo que no. Teníamos menos tecnología, pero éramos muy felices, ¿verdad, Aurora?

A: Bueno, depende, ¿no? Éramos felices porque éramos más jóvenes, pero yo pienso que hoy en día hay más libertad y más opciones. Por ejemplo, ahora podemos ver cualquier película en cualquier momento, pero antes solo había dos canales de televisión y teníamos que ver lo que había.

S: Uff, no me lo puedo imaginar.

N: Bueno, sí, es verdad, pero yo recuerdo que antes la gente salía de la oficina y se olvidaba del trabajo hasta el día siguiente. Actualmente estás localizado todo el tiempo.

A: No estoy de acuerdo con eso, depende de la persona: yo, cuando llego a casa, no me conecto y no miro los e-mails del trabajo.

S: Bueno…

N: ¿Y la comida?, ¿crees que comemos mejor ahora… con tantos químicos y cosas artificiales?

A: Sí, eso es verdad.

N: Además, hay más contaminación y eso es un problema para la salud.

S: Bueno, bueno, está claro que hay cosas mejores y otras peores. Pero yo estoy feliz viviendo en el presente. Bueno, me voy, que he quedado para jugar a la Play.

Pista 78

1 ¿Que si comprábamos mucho? No comprábamos tanto como ahora.

Pista 79
2 No, íbamos al pueblo todos los veranos.

Pista 80
3 Claro que no viajábamos como en la actualidad.

Pista 81
4 No, éramos felices con lo que teníamos.

Pista 82
5 ¿Que si veíamos mucho la tele? No, escuchábamos la radio.

Pista 83
6 No, escribíamos más cartas y postales que ahora.

Pista 84
1 ¿Les escribiste las postales a tus primos?

Pista 85
2 ¿Quién le recomendó ese restaurante?

Pista 86
3 ¿A ti quién te corta el pelo?

Pista 87
4 ¿Quién te dio el gato?

Pista 88
5 ¿Cuándo te dijeron que tenías el trabajo?

Pista 89
6 ¿Dónde te haces las uñas? ¡Me gustan mucho!

UNIDAD 9

Pista 90
MÉDICO (M): Hola, buenas tardes.
LAURA (L): Hola, doctor, ¡me siento horrible!
M: ¿Qué le pasa?
L: Bueno, me siento fatal. Me duele la cabeza, tengo mucha tos y también me duele la garganta.
M: ¿Cuándo empezaron los síntomas?
L: Hace tres días.
M: A ver… No tiene fiebre. Esto es un simple resfriado.
L: ¿Tengo que tomar algo? No me gusta tomar pastillas.
M: Bueno, si no le gustan las pastillas, entonces tómese este jarabe dos veces al día. Aquí tiene la receta. Además, debería descansar y beber mucha agua o té. Para el resfriado, lo mejor es tener paciencia.
L: Muchas gracias, doctor, voy a ir a la farmacia ahora mismo.

Pista 91
1 Las operaciones de cirugía estética. ¿Es esta una fórmula eficaz para sentirnos bien y mejorar nuestra autoestima? ¿O deberíamos aprender a dar menos importancia al aspecto físico? En nuestro próximo programa, que tendrá lugar el miércoles a las ocho de la tarde, van a participar expertos de diferentes campos para debatir sobre este tema de actualidad.

Pista 92
2 ¡Abren las piscinas al aire libre de Sar! El precio de la entrada para adultos es de tres euros y para niños, de un euro. Las piscinas abren todos los días de diez de la mañana a ocho de la tarde, y los viernes y sábados, hasta las nueve de la noche.

Pista 93
3 ¿Tienes ganas de un cambio de look? Ven a la peluquería SPS. Nuestros estilistas te aconsejarán para ofrecerte el mejor corte de pelo para ti. Visítanos hasta el quince de agosto y aprovecha nuestra oferta especial: con cada corte de pelo ofrecemos un descuento del quince por ciento en manicura o recorte de barba.

Pista 94
4 Centros de peluquería y estética Clara Miñón. ¿Quieres formarte en una profesión creativa y con futuro? Haz el curso de peluquería y estética en nuestro centro. Formación teórica y práctica de la mano de profesionales de prestigio. Ya está abierto el plazo de matrícula para el próximo curso, que empezará en septiembre. ¡Te esperamos!

Pista 95
5 A lo largo de la historia, las diferentes culturas han usado los tatuajes con distintas finalidades: desde muestras de amor o reconocimiento social a marcas de criminales. La tatuadora Simona Gila nos hablará del tema el sábado dieciocho a las siete de la tarde en la Fundación Bustamante. ¡Una cita no solo para amantes del tatuaje!

Pista 96
6 En el centro de estética natural Biosana ofrecemos tratamientos faciales y corporales adaptados a cada persona, y utilizamos productos de cosmética ecológica de alta calidad, no probados en animales. Además, contamos con un departamento de dietética especializado en crear dietas personalizadas. Salud y respeto al medio ambiente, ese es nuestro lema. Ven a conocernos en la calle Allende número 86.

UNIDAD 10

Pista 97
1 Hola, Juan, ¿qué tal? Estoy en la calle y acabo de ver en un escaparate la cafetera que querías para tu casa, así que, si quieres, ya te la compro yo. Porfa, llámame o mándame un mensaje.

Pista 98
2 Estimados clientes, estos almacenes cerrarán en quince minutos. Les rogamos que se dirijan a las cajas. Mañana abriremos otra vez de diez de la mañana a diez de la noche para ofrecerles, como siempre, la mejor calidad y el mejor servicio.

Pista 99
3 ¿Qué tal, Natalia? Oye, mañana empieza el ciclo de cine al aire libre y quería preguntarte si te apetecía ir. Este año no es en el parque al lado de casa, sino en el patio del instituto. Me llamas, ¿vale?

Pista 100
4 Buenos días, llamamos de Electrodomésticos Vázquez. Ya hemos recibido la pieza que necesitábamos para reparar su lavavajillas. Por favor, llámenos para ver cuándo podemos pasar por su casa. Nuestro teléfono es el nueve ocho seis, cinco nueve nueve, cuatro cuatro cero.

Pista 101
5 Señores clientes, les informamos de que mañana por la tarde, a partir de las ocho, la cantante Rosalía estará firmando copias de su nuevo disco en nuestra sección de música. Los invitamos a ver en persona a la conocida cantante.

Pista 102
6 Oye Julián, me ha dicho Liliana que necesitas a alguien que se quede con tus niños mañana por la tarde. Yo puedo sin problema. A las cuatro me paso por tu casa para recogerlos, ¿vale? Venga, ¡hasta mañana!

TRANSCRIPCIONES

Pista 103

7 ¡Ángel! Me voy de viaje de trabajo la semana que viene, ¿tú podrías cuidarme las plantas? Van a ser solo diez días, ¡pero como hace tanto calor...! Llámame, por favor.

Pista 104

Hoy voy a hablarles de algunas reglas de buenos modales que todo el mundo debe saber.

- Cuando tienes una cita con una persona, es de mala educación mandarle un mensaje cinco minutos, o diez minutos antes, o a la misma hora de la cita, diciendo que llegas tarde. Si vas a llegar tarde, puedes enviarle un mensaje una hora antes para que esa persona se arregle y esté esperando.

- Cuando te inviten a una cena o a una fiesta siempre lleva algo contigo: una botella de vino, una planta, rosas, lo que sea. Trata de llevar algo porque no es de buena educación presentarse en una cena sin absolutamente nada.

- Cuando estés hablando en el celular, trata de mantener una conversación con un tono que no sea muy alto, que no todo el mundo en esa habitación o en el lugar donde estás pueda escuchar tu conversación porque no es de buena educación.

- Cuando te invitan a una fiesta, a una cena, es muy importante que no lleves a tus amigas sin avisar. Si te invitaron a ti, y no te dieron la opción de invitar a una persona, simplemente no la lleves.

- La puntualidad también es algo muy importante: si siempre llegas tarde a una cita, a una reunión, a una cena... eso manda un mensaje muy negativo acerca de ti. Entonces, siempre trata de llegar a tiempo a todas tus responsabilidades.

- Cuando estás caminando con una persona, con un amigo, con tu mamá... y esa persona le dice "hola" a alguien que no conoces, aunque no lo conozcas, tienes que saludar, simplemente puedes decir "hola", nada más, pero di algo.

- Y por último, cuando ustedes están con personas, cenando, comiendo... nunca dejen su celular encima de la mesa porque manda un mensaje terrible. Indica que lo que está pasando en tu celular es más importante que la conversación que estás haciendo con las personas con las cuales estás compartiendo. Entonces ponte siempre el celular, sí, en tu silla.

Pista 105

1 Va a escuchar a una mujer que pide un favor a su vecino.

Mujer: *Hola, Toni, perdona, ¿tienes algún huevo? Es que me he puesto a hacer un bizcocho para el cumpleaños de Luis pero me he dado cuenta de que no me quedan.*

Hombre: *Sí, claro, claro, ¿solo necesitas uno?*

Mujer: *Sí, con uno es suficiente.*

Hombre: *Ay, pues no me quedan. Es que ayer cenamos huevos fritos y los terminamos todos. ¡Lo siento!*

Mujer: *Nada, hombre, no te preocupes...*

¿Qué quiere cocinar la mujer?

Pista 106

2 Va a escuchar a un hombre que habla de su casa nueva.

Hombre: *Oye, Patri, a ver si vienes a ver mi casa nueva, ¡es preciosa!*

Mujer: *Sí, claro, cuando me digas, voy. ¿Dónde está?*

Hombre: *Eso es lo único malo, está en la carretera del Lago, un poco lejos, y no se puede llegar en metro.*

Mujer: *Bueno, pero seguro que estáis muy tranquilos por allí, ¿no?*

Hombre: *Sí, sí, rodeados de zonas verdes y con zonas de juego para los niños. Mi hijo está encantado. Es el paraíso...*

¿Qué no hay cerca de la casa?

Pista 107

3 Va a escuchar a un hombre que habla con una amiga médica.

Hombre: *Hola, Gema, perdona que te moleste. Es que necesito consejo médico. ¿Tienes un momento?*

Mujer: *Sí, sí, claro. Dime. ¿Qué te pasa?*

Hombre: *Pues la semana pasada hice un pequeño viaje, caminé mucho y ahora me duele la rodilla.*

Mujer: *Bueno, probablemente no es nada grave. Toma ibuprofeno durante tres días. Si no mejora, pide una cita con el especialista.*

Hombre: *¡Muy bien! Así lo haré.*

¿Qué le duele al hombre?

Pista 108

4 Va a escuchar a dos amigos que quieren comprar un regalo.

Mujer: *Bueno, ¿qué le compramos entonces a Patricia?*

Hombre: *Pues, no sé... ¿Qué tal algo para su cocina nueva?*

Mujer: *¡Buena idea! Quizás unos vasos, los suyos están un poco viejos.*

Hombre: *¡Perfecto! Y también le podemos regalar un bote para la harina o esas cosas...*

Mujer: *Hmm... Creo que ya tiene muchos... ¿Pero qué tal unos paños? Siempre son necesarios y ahora los hay muy bonitos.*

Hombre: *También me parece muy bien. ¿Vamos a la tienda Maravillas?*

Mujer: *Sí, tienen unas cosas preciosas.*

¿Qué objeto no van a comprar?

Pista 109

5 Va a escuchar a un hombre que habla con una vecina.

Hombre: *Hola, Marijose, ¿qué tal?*

Mujer: *Todo bien, gracias, no me puedo quejar, ¿y tú?*

Hombre: *Bien, bien... Oye, lo único... Tengo que cambiar una bombilla y no llego. Vosotros no tenéis una escalera por ahí, ¿no?*

Mujer: *Creo que sí, voy a mirar. Creo que tenemos una en el garaje, al lado del coche. Lo compruebo y te aviso, ¿vale?*

Hombre: *Vale, genial, muchas gracias.*

¿Qué necesita el hombre?

Pista 110

6 Va a escuchar a dos compañeros que hablan sobre el fin de semana.

Mujer: *Bueno, Alejandro, cuéntame, ¿cómo pasaste el fin de semana?*

Hombre: *Pues teníamos el plan de hacer una excursión en bicicleta por la montaña, pero como vino mi hermano con sus niños, nos fuimos a la piscina.*

Mujer: *Ah, genial. Yo también pensé en ir a la piscina, pero al final fui con dos amigos al lago.*

Hombre: *Claro, es que con este calor, ¡no se puede hacer otra cosa!*

¿Adónde fue la mujer?

SOLUCIONES

UNIDAD 1

A VAMOS A CONOCERNOS

1a 1 sociable 2 generosa 3 ambiciosos 4 perezosa 5 cosmopolita 6 dinámico

1b Respuesta libre.

2 1 mar 2 correr 3 abrigo 4 manzana 5 ropa 6 marrón

3 1 quedamos; jugamos 2 van; ven 3 Tomas; hace 4 hago; voy; juego; quedo

4 Respuesta libre.

5a 1 José Luis es mexicano y vive en Guadalajara. / Marcos es español y vive en Uruguay. / Lidia es venezolana y vive en Caracas 2 José Luis y Lidia; José Luis es enfermero y Lidia es cocinera. 3 Marcos y Lidia. 4 **a** José Luis **b** Lidia **c** José Luis **d** Marcos.

5b 1 V; 2 F; 3 F; 4 V; 5 V; 6 F.

B ¿QUEDAMOS?

6 1 a; 2 b; 3 a; 4 a; 5 b; 6 a; 7 a; 8 b.

7 Respuesta libre.

8 1 a; 2 b; 3 b; 4 a; 5 a; 6 a.

9 1 mí; mi 2 Si 3 correcta 4 ti 5 tu 6 el; correcta 7 correcta; Sí 8 Mi 9 correcta; tú 10 él; correcta

10 1 tímida 2 muro 3 ponerme en forma 4 gratuita 5 contacto 6 casera 7 a un evento 8 juntar

C NUESTRAS NECESIDADES

11a Respuesta libre.

11b Posibles respuestas: 1 Esta mañana me he levantado tarde y me he perdido mi programa de radio favorito. 2 Las montañas están a dos horas de distancia de mi pueblo. 3 Cristina y Sebastián quieren recorrer México en cuatro semanas. 4 El casco antiguo de Barcelona es increíble, pero está lleno de turistas. 5 He aprendido a cocinar de la mano de mi abuela, que me ha contado todos sus secretos. 6 Maribel vive en una casa pequeña a orillas del mar.

12 1 Ninguno de los dos 2 María 3 Harry 4 Harry 5 Ninguno de los dos 6 María

13 1 d; 2 f; 3 b; 4 a; 5 e; 6 c.

14 Posibles respuestas: 1 Sí, no es fácil. Es necesario practicar mucho. Puedes escribir las palabras en tarjetas y luego las lees en el autobús, en el baño… 2 Te recomiendo la aplicación Timpik. Es una aplicación para gente interesada en hacer deporte. 3 Puedes aprender japonés. Es una lengua fascinante y la pronunciación no es muy difícil. 4 ¡Es normal! Tienes que quedar con ella para conocerla mejor. 5 Pues hay que hacer muchos ejercicios y hablar con personas que hablan la lengua.

15 Posible respuesta:

¡Hola, Isabella!

¿Quieres pasar unos días en Merza, mi pueblo? ¡Genial! Te recomiendo ir en agosto porque se celebran diferentes fiestas típicas. Si te gusta el deporte, puedes nadar en el río. Además, cerca de Merza hay que visitar el monasterio de Carboeiro y una cascada. Son lugares muy agradables. Si te gusta hacer senderismo, puedes hacer una ruta desde la cascada hasta el monasterio. Y si quieres probar la comida típica, puedes ir al restaurante Deza, que está cerca del río. Si necesitas practicar el idioma, tampoco es un problema porque puedes ir al bar de Moncho y hablar allí con la gente del pueblo. Por supuesto, si vas a mi pueblo y te gusta la música, ¡tienes que ir a un concierto de la Banda Artística de Merza! Es muy buena y ha ganado premios en diferentes concursos y festivales.

Vas a pasar unos días fantásticos.

¡Un abrazo!

Carlos

EN ACCIÓN

16a a 5; b 2; c 4; d 3; e 1.

16b 1 c; 2 e; 3 a; 4 d; 5 b.

16c Respuesta libre.

UNIDAD 2

A EXPATRIADOS

1a 1 He leído tu última entrada en el blog… 2 Yo soy italiana y he vivido en Francia… 3 A veces son los pequeños detalles… 4 Pero vivir en el extranjero es una experiencia fantástica…

1b Respuesta libre.

2a 1 comprar; desayunar; cenar; levantarse 2 vestirse; levantarse 3 querer; preferir; venir 4 pedir; vestirse 5 volver; probar; poder; contar 6 jugar 7 hacer; poner; salir; venir 8 ir; estar; ser

2b cenar: yo ceno; tú cenas; él / ella / usted cena; nosotros/as cenamos; vosotros/as cenáis; ellos/as / ustedes cenan **poder:** yo puedo; tú puedes; él / ella / usted puede; nosotros/as podemos; vosotros/as podéis; ellos/as / ustedes pueden **venir:** yo vengo; tú vienes; él / ella / usted viene; nosotros/as venimos; vosotros/as venís; ellos/as / ustedes vienen **vestirse:** yo me visto; tú te vistes; él / ella / usted se viste; nosotros/as nos vestimos; vosotros/as os vestís; ellos/as / ustedes se visten

3 1 nosotros/as 2 tú 3 ellos 4 usted 5 yo 6 ella 7 ustedes 8 vosotros/as

4 1 pasa - paso - pasáis 2 vivir - vivís - vives 3 vuelves - volvéis - vuelven 4 trabajáis - trabajar - trabajas 5 empezar - empieza - empezáis 6 pides - pedir - pedís

5a A 1 está 2 disfruta 3 se levantan 4 leen 5 va 6 ayuda 7 hace 8 se quedan 9 dan **B** 1 llevo 2 Tengo 3 salgo 4 despierto 5 desayunamos 6 salimos / salgo 7 recojo 8 tengo 9 juega 10 hago 11 se acuesta 12 me voy **C** 1 vives 2 vives 3 haces

5b Respuesta libre.

B ¿DE CAMPO O DE CIUDAD?

6 1 escrito 2 dicho 3 hecho 4 descubierto 5 compuesto 6 descrito 7 devuelto 8 rehecho 9 visto 10 muerto 11 abierto 12 roto

7 1 b; 2 a; 3 b; 4 b; 5 a.

SOLUCIONES

8a Tener un sobrino. / Ver las cataratas del Niágara. / Visitar Nueva York. / Ir a un concierto de Enrique Iglesias. / Nadar con delfines. / Volar en avioneta. / Correr un medio maratón. / Escribir un libro. / Adoptar un perro.

8b Respuesta libre.

9 **Posibles respuestas:** 1 Ha ganado mucho dinero. 2 Ha actuado en todos los continentes. 3 Ha leído mucho. 4 Ha trabajado durante muchos años. 5 Ha estudiado en varios países. 6 Ha corrido un maratón.

10 1 se han mudado; viven; se encuentra; ha sido 2 vamos; hemos visitado; hemos comprado 3 hace; ha tenido; está 4 corro; he participado 5 van; han visto 6 compro; he encontrado; he comido

11 1 la; lo 2 lo; La; -la 3 lo 4 la 5 lo; los 6 lo; la

12 1 No, no **la** he visto, pero quiero ver**la**. 2 En unos meses vamos a ir a un *camping* y queremos reservar**lo** ya. 3 **Las** veo en mi teléfono móvil. 4 He comprado huevos en el mercado y ahora estoy cocinándo**los**. Vamos a comer**los** con patatas y jamón. 5 Me encanta pasear a mi perro por el parque. **Lo** he adoptado hace unas semanas y estoy encantado.

13 1 b; 2 a; 3 d; 4 c; 5 h; 6 g; 7 e; 8 f.

C DIARIO DE UNA NÓMADA

14 1 *ferry* 2 isla 3 alquilar 4 costa 5 puerto 6 nicaragüense 7 córdoba 8 taxista

15a a 4; b 1; c 2; d 3; e 5; f 6.

15b 1 Un mercado. 2 Carne, huevo, arroz, frijoles, aguacate… 3 En una antigua finca de café. 4 Son importantes para ir a las fincas, a la escuela… 5 El café suave, no concentrado.

16a Respuesta libre.

16b Respuesta libre.

17 1A de 1B a 2A de 2B a 3A hacia 3B a 4A por 4B a

18 **Posibles respuestas:** 1 El hombre viene del mercado. 2 Los niños salen de la escuela. 3 El padre ha llegado al aeropuerto. 4 La mujer va al trabajo. 5 El hombre y la mujer pasean por la playa. 6 Los chicos pasean en bicicleta.

EN ACCIÓN

19 1 a; 2 c; 3 b; 4 c; 5 b.

20 Respuesta libre.

UNIDAD 3

A OBJETOS QUE NOS ALEGRAN

1 1 b; 2 a; 3 b; 4 c; 5 a; 6 c.

2a 1 c; 2 a; 3 f; 4 b; 5 e; 6 d.

2b Respuesta libre.

3 **Es…:** un instrumento; un mueble; cuadrado; un alimento; una prenda; un objeto; una cosa; una bebida; redondo; grande. **Es de…:** plástico; algodón; papel; cristal; madera; cerámica; metal; tela; cuero. **Se usa para… / Sirve para…:** leer; escribir; escuchar música; ver; guardar cosas.

4a 1 un objeto; proteger nuestros ojos del sol; redonda; cristal; alargada; plástico 2 una prenda; en el cuello; alargada; lana 3 un objeto; escribir cosas importantes; rectangular; papel 4 un objeto; llevar agua; plástico; cristal 5 una cosa; beber; cerámica

4b **Posibles respuestas: Un teléfono móvil:** es un objeto que sirve para comunicarnos, hacer fotos, navegar en internet, etc. Normalmente es blanco o negro, y es de metal y plástico. También tiene una pantalla de cristal. Es alargado o rectangular. **Una mesa:** es un mueble de madera, de plástico o de cristal que se usa para escribir, comer y poner cosas encima. Normalmente está en el salón o en el comedor y tiene cuatro patas. **Unos guantes:** son una prenda de ropa que sirve para proteger nuestras manos del frío. Normalmente los usamos en invierno. Son de piel o de lana.

5 1 porque 2 por eso 3 porque 4 pero 5 por eso 6 pero 7 por eso 8 pero

6 **Posibles respuestas:** 1 He leído un libro precioso, por eso voy a regalárselo a mi hermana Nuria por su cumpleaños. 2 Quiero aprender a tocar la guitarra, pero no tengo demasiado tiempo. 3 Necesito gafas porque no veo muy bien. 4 Soy vegano, por eso no compro objetos de cuero o piel. 5 Me han regalado una mesa de madera muy bonita, pero no tengo espacio en mi casa. 6 Uso mucho estos zapatos blancos porque me recuerdan al día de mi boda.

7a abuelo, veinte, Laura, piano, novia, sandalia, pueblo, aceite

7b **Dos sílabas:** veinte, Laura, piano, novia, pueblo. **Tres sílabas:** abuelo, sandalia, aceite.

B OBJETOS PERDIDOS

8a [sopa de letras]

8b 1 gafas 2 pintalabios 3 bolígrafo 4 paraguas 5 guantes 6 llaves

9 1 perder el tiempo 2 perder peso 3 perder el tren 4 perder la motivación 5 perder un objeto

10 1 al lado del 2 detrás de 3 en el 4 delante de 5 encima de 6 a la derecha de

11 **Posibles respuestas:** 1 El boli está encima del cuaderno. 2 Las gafas están al lado de la planta. 3 El cuaderno está debajo del boli. 4 El café está a la derecha del cuaderno. 5 La planta está lejos del café.

SOLUCIONES

12a 1 Markus 2 Despi 3 Daniel 4 Ariadna 5 Dimitri 6 Henry 7 Jean-Claude 8 Lidia

12b 1 Lidia 2 Jean-Claude 3 Profesor de matemáticas 4 Son hermanas 5 Henry y Markus 6 Dimitri

13 **Posible respuesta:**

¡Hola, Jorge!

¡Qué bien que vas a Londres! Yo no tengo una guía de la ciudad, lo siento, pero puedes ir a la biblioteca, allí tienen muchas guías.

Yo este verano voy a Zambia a visitar a una amiga. Podemos quedar la próxima semana y te cuento. ¿Qué tal el martes a las ocho en el Bar Pinganitos?

Oye, ¿y qué tal el trabajo nuevo? ¿Estás contento?

Un abrazo,

Almudena

C DE ACÁ PARA ALLÁ

14 1 e; 2 h; 3 f; i; 4 b; i; 5 a; g; 6 c; d.

15a 1 se bebe; se toman 2 se come 3 se limpian; se baldean; se echa 4 se usa; se gasta 5 se dice; se acepta 6 se bebe

15b 1 Suecia 2 Marruecos 3 Cuba 4 Japón 5 Irán 6 Turquía

16 Respuesta libre.

17 1 Se alquilan bicicletas por horas o días. 2 Se compra diccionario de español en buen estado. 3 Se ofrecen clases de pintura. 4 Se busca gato desaparecido. 5 Se intercambian películas y libros. 6 Se vende violín a buen precio. 7 Se cuidan plantas durante las vacaciones. 8 Se necesitan personas para probar nuevos productos.

18a 1 F; 2 F; 3 V; 4 F; 5 V; 6 F; 7 V; 8 V; 9 F; 10 F.

18b 1 Ana lleva en el país seis años y medio. 2 A Ana le gusta que en el país de acogida se dice "por favor" y "gracias". 4 A Ana la gente del país de acogida le gusta porque es seria, cumple lo que dice. 6 Fernando extraña el ruido de México de los camiones / autobuses y las calles. 9 Ana echa de menos el pan blanco con las comidas. 10 Según Fernando, es normal extrañar la comida del país de origen.

EN ACCIÓN

19 1 voy a hablar 2 En primer lugar 3 pero 4 por ejemplo 5 también 6 En segundo lugar 7 Por eso 8 Para terminar

20 **Posibles respuestas:** 1 en el este 2 en el oeste 3 costa 4 ciudades 5 decorar 6 beber 7 cuadrado/a 8 alargado/a 9 rectangular 10 papel 11 cristal 12 tela 13 metal 14 lo / la utilizo para trabajar

UNIDAD 4

A MIS ÚLTIMAS VACACIONES

1 1 Esta 2 aquellos 3 aquel 4 esas 5 Esta

2 1 este 2 ese 3 aquellos 4 aquel 5 estas 6 aquellas 7 estas 8 esta 9 Esa 10 Ese

3 1 de 2 que 3 Ø 4 que 5 de 6 que 7 Ø 8 de

4 1 la de la cazadora vaquera 2 la rubia 3 el que toma café 4 la del pelo largo

5 **Posible respuesta:**

Viernes, 26 de junio

Carolina y yo hemos venido a las montañas y vamos a quedarnos aquí hasta el domingo para celebrar su 40 cumpleaños. Hoy hemos hecho una ruta de senderismo y hemos cenado temprano en la terraza del hotel. ¡El paisaje es increíble!

Mañana vamos a ir al Lago de las Garzas. Allí queremos intentar hacer esquí acuático.

Este pequeño viaje es fantástico, tiene todo lo que me gusta: naturaleza, buena comida y deporte.

6b 1 b; 2 d; 3 a; 4 c; 5 f; 6 e.

B UN VERANO EN LA OFICINA

7 1 g; 2 b; 3 e; 4 h; 5 a.

8 **Posibles respuestas:** 1 Está descansando y leyendo mucho. 2 Está viajando / haciendo un viaje en coche con su perro. 3 Está aprendiendo a caminar. 4 Está estudiando para un examen. 5 Está tocando el violín. 6 Está nadando casi todos los días en la piscina. 7 Están haciendo un curso de cocina.

9a 1 viviendo 2 viendo; riendo 3 siendo; pidiendo 4 durmiendo 5 comiendo 6 diciendo; comprando

9b 1 A; 2a B; 2b B; 3a A; 3b A; 4 A; 5 B; 6a B; 6b A.

10 1 Está duchándose. 2 Está viendo / escuchando la información del tiempo en la radio. 3 Está cocinando. 4 Está lavándose los dientes. 5 Está viendo un partido de tenis / jugando al tenis. 6 Está abriendo la puerta / entrando en casa. 7 Está escribiendo en el ordenador. 8 Está calentando comida / usando el microondas.

11 Respuesta libre.

C PLANES DE OCIO

12 1 estación 2 encanto 3 espectáculo 4 madrugada 5 proyectar 6 promoción 7 atracciones 8 infantil 9 ocio; programación

13 1 B; 2 A; 3 F; 4 E; 5 D.

14 1 d; 2 j; 3 c; 4 f; 5 a; 6 e; 7 i; 8 g; 9 b; 10 h.

15 1 d; 2 e; 3 c; 4 f; 5 a; 6 b.

16 **Posibles respuestas:** 1 + Sí, perfecto, ¡qué buena idea! / - Uy, ¿este fin de semana? Es que hace un poco de frío, ¿no? 2 + ¡Claro! ¿Quedamos mañana en la puerta de la Biblioteca? / - Lo siento, es que ya la he visto. 3 + Vale, ¿cuándo quedamos? / - Uy, es que no me gustan los zoos. 4 + ¡Genial! Conozco unos pueblos muy bonitos. / - Uy, es que a mí el campo no me gusta mucho…

17 **Posible respuesta:**

Sarah: ¡Hola! ¿Te apetece ir a montar en bici?

Julio: ¡Hola! Lo siento, imposible. Voy a comer a casa de mis abuelos.

Sarah: Ah, bueno… Oye, ¿y qué tal si quedamos para cenar?

Julio: ¡Perfecto! ¿Dónde quedamos?

ochenta y nueve **89**

SOLUCIONES

Sarah: Mmmm… ¿vamos a comer una hamburguesa con patatas? Sabes que me encantan.

Julio: ¿Hamburguesa? Lo siento, es que soy vegetariano y no como carne.

Sarah: Bueno…, a ver… ¿por qué no vamos a un restaurante asiático?

Julio: ¡Genial! ¿A qué hora quedamos?

Sarah: Podemos quedar a las diez, y luego podemos ir a bailar y a tomar algo.

Julio: Vale, genial. Nos vemos a las diez.

Sarah: Perfecto, un beso.

EN ACCIÓN

18a 1, 3, 5.

18b Posibles respuestas: 2 Jugar con los amigos. / Organizar una noche de juegos. **4** Hacer manualidades. / Hacer un *collage*. **6** Jugar al fútbol.

18c Respuesta libre.

19 **1** b; **2** e; **3** a; **4** d; **5** f; **6** c.

UNIDAD 5

A MAYORES EN LA RED

1 **1** Miroslav; Marina **2** Marina **3** Kazue (no está claro si cambió su profesión o no); Miroslav **4** Kazue **5** Kazue; Marina **6** Miroslav **7** Kazue **8** Miroslav; Marina

2 **estudiar:** tú estudiaste; él / ella / usted estudió **casarse:** yo me casé; él / ella / usted se casó **volver:** yo volví; tú volviste **vivir:** yo viví; él / ella / usted vivió **ir / ser:** tú fuiste; él / ella / usted fue **estar:** yo estuve; tú estuviste

3a **1** naciste **2** nací **3** creciste **4** estuviste **5** se fue **6** crecí **7** fui **8** estudiaste **9** estudié **10** fue

4a **1** c; d; **2** d; **3** f; **4** a; **5** e; **6** b.

4b Posibles respuestas: 1 ¿En qué año / Cuándo te fuiste allí (con tu mujer)? **2** ¿A qué edad / Cuándo empezaste a tocar el piano? **3** ¿Cuándo lo conociste? / ¿Cuándo conociste a Marco? **4** ¿De qué año a qué año trabajaste como periodista? **5** ¿Desde cuándo subes fotos a la red? **6** ¿Cuándo estuviste en China?

5 Posible respuesta: Adeline nació en diciembre de 1956 cerca de Lyon (Francia). Después del instituto pasó un año en Costa Rica donde trabajó como voluntaria en un parque natural. Luego estudió Biología Marina y se fue a trabajar a un centro de investigación en Sudáfrica. Allí conoció a su marido, estuvo casada cinco años y luego se divorció. En 1994 se mudó a Nueva Zelanda. Trabajó allí durante unos años y en 2006 volvió a Francia. A los 52 años abrió una tienda de productos sin plástico y desde hace unos años es activa en las redes en la lucha contra la contaminación de los mares.

6 Respuesta libre.

B HÉROES ANÓNIMOS

7a estudiar: nosotros/as estudiamos; vosotros/as estudiasteis; ellos / ellas / ustedes estudiaron **casarse:** nosotros/as nos casamos; vosotros/as os casasteis; ellos / ellas / ustedes se casaron **volver:** nosotros/as volvimos; vosotros/as volvisteis; ellos / ellas / ustedes volvieron **vivir:** nosotros/as vivimos; vosotros/as vivisteis; ellos / ellas / ustedes vivieron **salir:** nosotros/as salimos; vosotros/as salisteis; ellos / ellas / ustedes salieron

7b estar: yo estuve; tú estuviste; él / ella / usted estuvo; nosotros/as estuvimos; vosotros/as estuvisteis; ellos / ellas / ustedes estuvieron **querer:** yo quise; tú quisiste; él / ella / usted quiso; nosotros/as quisimos; vosotros/as quisisteis; ellos / ellas / ustedes quisieron **poner:** yo puse; tú pusiste; él / ella / usted puso; nosotros/as pusimos; vosotros/as pusisteis; ellos / ellas / ustedes pusieron **decir:** yo dije; tú dijiste; él / ella / usted dijo; nosotros/as dijimos; vosotros/as dijisteis; ellos / ellas / ustedes dijeron **venir:** yo vine; tú viniste; él / ella / usted vino; nosotros/as vinimos; vosotros/as vinisteis; ellos / ellas / ustedes vinieron

8a A: 1 salí **2** fui **3** llegué **4** tuve **5** empecé **6** vi **7** Me levanté **8** me acerqué **9** pregunté **10** dijo **11** volví **12** perdió **13** se cayó **14** escuché **15** pensé **16** salté **17** cogí **18** salvé **B: 1** empezó **2** salió **3** intentó **4** se cayeron **5** quedaron **6** desaparecieron **7** murieron **8** encontraron / rescataron / salvaron **9** perdieron **10** dejaron **11** oyeron **12** apareció **13** decidieron **14** llevó **15** movieron **16** encontraron **17** pudieron **18** salvaron / rescataron

8b Posibles respuestas: A Héroe camino del trabajo. **B** Un héroe de cuatro patas.

8c Respuesta libre.

9a 1 diciembre de 2013 **2** noviembre de 2018 **3** junio, julio y agosto de 2018 **4** noviembre y diciembre de 2017 **5** 12 de enero de 2019 **6** finales de diciembre de 2018 o principios de enero de 2019 **7** 11 de diciembre de 2018

9b Respuesta libre.

10a empe**za**mos - **hi**ce - encon**tró** - **rá**pido - **com**pro - estu**dió**

10b 1 b; **2** a; **3** c; **4** b; **5** c; **6** a.

C ¿QUÉ TAL UN CONCURSO?

11 **1** d; **2** c; **3** f **4** e; **5** b; **6** a.

12a Pretérito perfecto: hoy, en mi vida, a lo largo del mes, este año. **Pretérito indefinido:** el año pasado, en 2004, ayer, el mes pasado.

12b Respuesta libre.

13 Posibles respuestas: Julio: La semana pasada vio una película. El lunes comió palomitas. Este fin de semana ha hecho una fiesta. Hoy ha cocinado en la barbacoa. **Tomás y Claudia:** Este verano han ido de vacaciones. En el viaje han hecho / hicieron muchas fotos. El mes pasado visitaron un castillo. El primer día comieron helado.

14 **1** ha estado **2** pintó **3** creó **4** viajó **5** fue **6** permaneció **7** dijo **8** llegó **9** han podido **10** ha despertado

15a 1 b; **2** b; **3** a; **4** c; **5** a; **6** a.

15b 1 campesino/a (línea 4) **2** indígena (líneas 2, 15 20, 21 y 33) **3** lucha (líneas 2 y 14) **4** guatemalteco/a (líneas 26 y 33) **5** escapar (línea 17)

SOLUCIONES

EN ACCIÓN

16a 1 a; 2 f; 3 c; 4 b; 5 i; 6 h; 7 e; 8 d; 9 g.

16b 1 F (La familia del entrevistado es alemana e italiana) 2 V 3 F (Christian piensa que todos tenemos una historia interesante) 4 F (Christian solo puede trabajar con una persona cuando se entiende bien con ella) 5 V 6 V 7 F (Christian no se interesó por las historias de sus abuelos) 8 F (La entrevistadora recomienda a los oyentes tomar notas para escribir su biografía)

UNIDAD 6

A HÁBITOS SALUDABLES

1a 2, 3, 5.

1b Respuesta libre.

2 1 desayunar 2 el almuerzo 3 comer 4 merendar 5 la cena

3 1 salmón (porque el resto son tipos de carne) 2 queso (porque el resto son frutas) 3 aceite (porque el resto son bebidas) 4 zanahoria (porque el resto son lácteos) 5 frutos secos (porque el resto son verduras) 6 manzana (porque el resto son tipos de cereales)

4a A dieta paleo B dieta vegana C dieta flexitariana D dieta crudívora

4b 1 nada de 2 muchas / bastantes 3 mucha / demasiada 4 nada de 5 muchas / bastantes 6 bastantes / muchos 7 muchas / bastantes 8 un poco de 9 mucha 10 mucho 11 muchas / bastantes 12 un poco de 13 bastante 14 nada de 15 muchos 16 un poco de / bastante

5 **Posibles respuestas:** Jorge compra demasiado arroz. Jorge compra bastantes botellas de vino. Jorge no compra nada de verduras. Jorge no compra mucha comida saludable. Jorge compra demasiadas hamburguesas. Jorge compra poca fruta.

6 1 Mis padres duermen poco y por eso normalmente toman dos o tres cafés al día. 2 Suelo evitar cenar pasta y carne, prefiero cenas más ligeras. 3 ¿Qué desayunas normalmente? 4 Marta y yo solemos comprar la fruta y la verdura en un mercado ecológico. 5 Los alimentos procesados normalmente tienen mucha sal y muchas grasas. 6 Fran normalmente no toma alcohol, solo una cerveza los fines de semana.

7 **Posible respuesta:**

En mi país hay dos tipos de personas: Hay personas que se preocupan por su alimentación y gastan dinero en comprar productos frescos y de calidad. Muchas veces también compran productos biológicos, que son más caros. Pero también hay muchas personas que no se interesan por la alimentación, o quizás no tienen mucho dinero, y compran toda la comida en supermercados baratos. En estos supermercados hay productos envasados, por ejemplo, la carne, que quizás no son de buena calidad.

Los platos típicos de mi país llevan carne, así que normalmente la gente toma mucha carne y salchichas, y poco pescado; pero creo que cada vez hay más personas que saben que no es bueno tomar siempre carne e intentan reducir su consumo y toman más verdura.

Creo que la comida más importante es la cena, porque es cuando las familias tienen tiempo para cocinar y todos están en casa. El desayuno es más importante que en otros países y los fines de semana, a mucha gente le gusta preparar un desayuno grande y desayunar tranquilamente. En cambio, en el trabajo o en las escuelas la pausa para el almuerzo no es muy larga, así que hay que comer rápido.

Yo creo que en mi país hay muchos vegetarianos y bastantes veganos, en comparación con otros países. En los restaurantes los platos vegetarianos suelen estar marcados de alguna forma. Además, hay personas que prueban diferentes dietas, por ejemplo, la dieta *low carb*, o la dieta paleo… Son sobre todo los jóvenes, pero creo que no hay mucha gente que sigue estas dietas.

Yo también he probado la dieta *low carb* y la dieta vegetariana, pero me gusta mucho la pasta, y me gusta tomar a veces carne, por eso ahora como de todo. Intento comer mucha fruta y verdura, pero también como mucha pizza, pasta y arroz. ¡Y carne! Dos o tres veces a la semana como carne. En general, creo que como mejor que la mayoría de la población, pero sé que hay gente que se alimenta mejor que yo.

B A COCINAR

8 **Preparaciones:** molido, rallado, frito, cocido. **Alimentos:** aceite de girasol, vinagre, diente de ajo, miga de pan. **Objetos de cocina:** sartén, bol, plato, taza.

9 1 freír 2 cocido/a 3 rallar 4 molido/a 5 rellenar 6 tostado/a

10a a 7; b 9; c 6; d 3; e 2; g 4; h 8; i 5.

10b a 4 tazas b 1 taza y media c 1 cucharada y media d 1 taza f 2 tazas h 1 taza i 2 cucharadas

10c 1 ponga; hierva 2 saque 3 Eche; cueza 4 añada; mezcle 5 añada; cocine 6 Agregue 7 enfríe 8 Sirva

11 1 piensa 2 haz 3 escribe 4 Busca 5 ve 6 compra 7 cocina 8 pon 9 saca 10 ten

12a 1 Hazla siguiendo mis instrucciones. 2 Añádelas. 3 Mézclalos bien. 4 Cocínala durante quince minutos. 5 Ponlo en la nevera. 6 Sírvelo muy frío.

12b *Añádelas, mézclalos, cocínala* y *sírvelo*, porque cuando añadimos el pronombre, se forma una palabra esdrújula.

C EXPERIENCIA GASTRONÓMICA

13

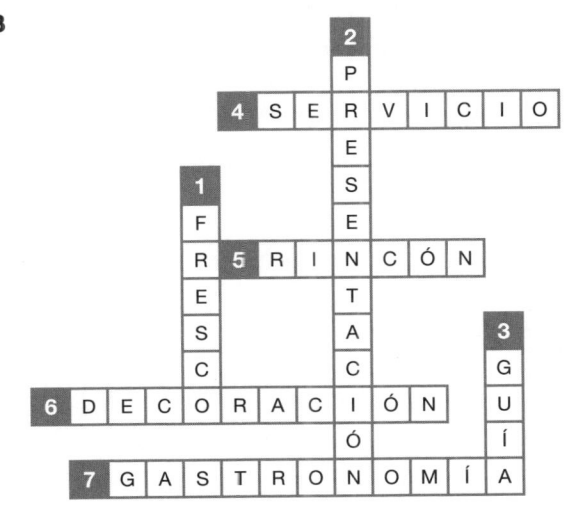

noventa y uno **91**

SOLUCIONES

14 1 c; 2 a; 3 b; 4 c; 5 a; 6 c; 7 b; 8 a.

15 1 gusta 2 pareció; encanta 3 gustó 4 encantaron 5 pareció; gustaron 6 pareció 7 encanta 8 gustan; parecen; gusta

16 1 genial; caro 2 buena 3 exóticos 4 simpáticos 5 bonita; moderna 6 interesantes; aburridas

17 1 le 2 os 3 Les 4 te; te 5 me; me 6 nos

18a 1 Negativa / Le parece fría. 2 Positiva / Hay platos de carne, pescado y vegetarianos. 3 Positiva / Usan ingredientes frescos, a veces de producción ecológica. 4 Positiva / La comida se sirve en boles de metal muy bonitos. 5 Positiva y negativa / Es muy agradable, pero lento. 6 Positiva / El precio es bueno para la calidad de la comida.

18b Respuesta libre.

EN ACCIÓN

19 1 "la comida casera permite ahorrar mucho dinero" 2 No está en el texto. 3 "Es una excusa perfecta si (…) no tienes tiempo para preparar la comida" 4 "en los restaurantes tienes una gran variedad de platos y cada persona puede elegir uno diferente" 5 "Cuando cocinamos en casa, sabemos qué ingredientes llevan los platos que comemos" 6 No está en el texto. 7 "Cuando vas a un restaurante (…) No hay que recoger los platos al final"

20 1 ahorrar 2 se preocupa 3 descubrimos 4 comida casera 5 excusas 6 porciones

UNIDAD 7

A REGALOS Y MÁS

1 1 le 2 le 3 Me 4 le 5 le 6 les 7 les 8 nos 9 me 10 te

2 Respuesta libre.

3 1 tantos 2 tan 3 tanta 4 tantas 5 tanto; tan 6 tanto 7 tanto 8 tan

4 **Posibles respuestas:** 1 David tiene tantos hermanos como Julián. 2 David tiene más años que Julián. / Julián tiene menos años que David. / David es mayor que Julián. / Julián es más joven que David. 3 David es tan alto como Julián. / David mide tanto como Julián. 4 David duerme más que Julián. / David duerme más horas que Julián. / Julián duerme menos que David. / Julián duerme menos horas que David. 5 David bebe menos café que Julián. / Julián bebe más café que David.

5a 1 f; 2 b; 3 d; 4 c; 5 a; 6 e.

5b Respuesta libre.

5c 1 el consumismo 2 la comida o bebida 3 un amigo 4 los niños 5 los niños 6 los regalos

B DE COMPRAS

6 1 chaqueta 2 pañuelo 3 falda 4 bolso / mochila 5 vestido 6 collar 7 gafas de sol 8 vaqueros 9 jersey 10 pulsera 11 anillo 12 zapatos (de tacón)

7 a 1; b 5; c 8; d 3; e 10; f 2; g 7; h 4; i 9; j 6; k 11.

8 1 la pulsera 2 las gafas 3 la camisa 4 el bolso 5 los zapatos 6 el sombrero

9 **Posibles respuestas:** 1 Hola, quería unos zapatos marrones. 2 Pues clásicos. Es que tengo una celebración en el trabajo. 3 Sí, son muy bonitos. 4 El 40. 5 Uy, pues me quedan un poco pequeños. ¿Puede traerme un número más, por favor? 6 ¡Son muy cómodos! ¿Qué precio tienen? 7 Oh, son un poco caros. Me lo voy a pensar.

10a 1 panadería 2 librería 3 floristería 4 pastelería 5 papelería 6 óptica 7 supermercado 8 centro comercial

10b Respuesta libre.

11a **Posibles respuestas: [Descripción general de la escena:]** En la foto veo a dos personas, un hombre y una mujer, que están en una tienda de instrumentos musicales… de violines. **[Descripción de las personas:]** El hombre trabaja en la tienda, es el dependiente. Tiene el pelo blanco, lleva gafas y barba también blanca. Está sonriendo. Creo que tiene unos 65 años. Lleva una camisa clara y lleva también algo que no sé cómo se llama: es una prenda de trabajo para proteger la camisa. En las manos tiene un violín. La mujer tiene el pelo un poco largo y rubio o claro. No veo su cara pero creo que está sonriendo también. Quizás tiene 60 años. Lleva una camiseta o un jersey de color oscuro. **[Descripción de lo que pasa en la escena, con suposiciones:]** El hombre y la mujer están hablando porque la mujer quiere comprar un violín. Creo que está jubilada y tiene tiempo, por eso quiere aprender a tocar un instrumento. **[Información adicional sobre la escena:]** Al lado del señor hay algo… No sé si es una caja para el violín. Detrás de las personas hay un mueble antiguo de madera y también hay muchos violines.

11b **Posibles respuestas:** 1 Quería comprar un violín para mi nieta. 2 Pues no sé, porque yo no entiendo de música. Pero tiene que ser un violín pequeño, para una niña de siete años. 3 No. Quiere aprender. Va a empezar ahora. 4 Pues, no sé… Unos 100 € como máximo. 5 Muy bien. ¿Y cuánto cuesta? / ¿Y qué precio tiene? 6 ¿El precio incluye la caja del violín? / ¿La caja del violín está incluida en el precio? 7 Perfecto. Entonces, me lo llevo. 8 Muchas gracias. Hasta luego.

C EN LA MALETA

12 1 guantes 2 chanclas 3 una bufanda 4 zapatos de tacón 5 un traje

13a 1 EC; 2 EC; 3 L; 4 EC; 5 L; 6 EC; 7 L.

13b **llevar:** llevad (vosotros/as); lleven (ustedes) **probar:** probad (vosotros/as); prueben (ustedes) **beber:** bebed (vosotros/as); beban (ustedes) **descubrir:** descubrid (vosotros/as); descubran (ustedes) **hacer:** haced (vosotros/as); hagan (ustedes) **ir:** id (vosotros/as); vayan (ustedes) **relajarse:** relajaos (vosotros/as); relájense (ustedes)

14 1 Si quieren probar la auténtica paella valenciana, vayan al restaurante Malvarrosa, en la playa. 2 Para no tener que esperar muchas colas, comprad las entradas con antelación. 3 Si van a la montaña en verano, lleven una chaqueta para por la noche. 4 Si os interesa visitar la Galería Nacional, reservad las entradas en la web. 5 Lleven siempre protector solar si van a la playa. 6 Acuérdense de llevar el pasaporte si viajan al extranjero. 7 Poneos guantes y bufanda si vais a caminar por la nieve.

8 Si venís a Ciudad de México, visitad la casa museo de Frida Kahlo, en el barrio de Coyoacán.

15 1 usad; mantened 2 Respetad; reciclad 3 usad 4 moveos 5 Utilizad 6 Colaborad 7 respetadlo; recordad

16 Posible respuesta:

Queridos Isabel y Jesús:

Os va a encantar Oviedo. Podéis visitar el Teatro Campoamor, donde todos los años se dan los Premios Princesa de Asturias, y la iglesia Santa María del Naranco, ¡es muy antigua!

También tenéis que probar la comida típica en los restaurantes del centro.

En verano hace buen tiempo, pero por la noche bajan las temperaturas… ¡traed una chaqueta!

La gente aquí es muy agradable, así que os vais a sentir muy bien.

Un abrazo,

Ana

17 1 b; 2 b; 3 a; 4 b; 5 a; 6 a.

EN ACCIÓN

18a 1 F; 2 V; 3 V; 4 V; 5 F; 6 F; 7 V; 8 F.

18b Posibles respuestas: 1 El comprador emocional compra dependiendo de su estado de ánimo. **5** La media de edad en los compradores equilibrados es más alta que en los compradores impulsivos. **6** El comprador impulsivo suele comprar con su teléfono móvil. **8** El comprador independiente no suele comprar cosas que no necesita.

UNIDAD 8

A RECUERDOS DEL PASADO

1 1 Rafa y Andira 2 José María y Rodrigo 3 Rodrigo 4 Silvia, Rafa, Andira y Rodrigo 5 José María

2 estar: yo estaba; tú estabas; él / ella / usted estaba; nosotros/as estábamos; vosotros/as estabais; ellos/as / ustedes estaban **volver:** yo volvía; tú volvías; él / ella / usted volvía; nosotros/as volvíamos; vosotros/as volvíais; ellos/as / ustedes volvían **salir:** yo salía; tú salías; él / ella / usted salía; nosotros/as salíamos; vosotros/as salíais; ellos/as / ustedes salían **ser:** yo era; tú eras; él / ella / usted era; nosotros/as éramos; vosotros/as erais; ellos/as / ustedes eran **ir:** yo iba; tú ibas; él / ella / usted iba; nosotros/as íbamos; vosotros/as ibais; ellos/as / ustedes iban **ver:** yo veía; tú veías; él / ella / usted veía; nosotros/as veíamos; vosotros/as veíais; ellos/as / ustedes veían

3 1 éramos; nos peleábamos; Teníamos 2 quería; leía; encantaba 3 erais; teníais; escuchaba; se llamaba 4 hablaba; decía 5 eras; había 6 gustaba; íbamos; era 7 eras; participabas; Corría; hacía; participaba 8 era; tenía; traía; gustaba

4 1 Antes tenía el pelo liso, ahora lo tiene un poco rizado. 2 Antes vivía con su padre, ahora vive solo. 3 Antes veía películas en la tele, ahora va mucho al cine. 4 Antes jugaba en el parque, ahora juega con los videojuegos. 5 Antes era mal alumno en el colegio, ahora tiene éxito en el trabajo. 6 Antes iba a casa de sus abuelos los fines de semana, ahora los pasa con su pareja.

5 1 Sara 2 Malú 3 Sara 4 Paula 5 Sara 6 Malú

6 Respuesta libre.

B ¿ANTES O AHORA?

7a El *discman*: 1 podías **2** tenías **3** se utilizaba **4** grababa **5** podías **6** era **7** elegías **8** podías **9** ocupaba **10** era **11** escuchabas. **El VHS: 1** había **2** veías **3** era **4** querías **5** querías **6** estabas **7** podías **8** era **9** grababas **10** ocupaban.

7b Respuesta libre.

8 Posibles respuestas: La educación: Los profesores eran más estrictos. / Los libros de texto tenían ideas muy tradicionales. / Las clases eran más aburridas y los estudiantes no podían participar tanto. / Los estudiantes respetaban más a los profesores. **La familia:** Los padres trabajaban fuera de casa. / Las madres normalmente se quedaban en casa. / La relación entre padres e hijos era un poco más fría. / No había distintos modelos de familia, solo padre, madre e hijos. **Los viajes:** Los aviones eran muy caros y nunca viajábamos en ellos, así que se contaminaba menos. / El tren era más habitual pero tardaba mucho tiempo. / Las vacaciones no eran muy interesantes. / Solíamos ir al pueblo de mis abuelos a ver a la familia.

9 1 ya no 2 todavía 3 ya no 4 todavía 5 todavía 6 Ya no 7 ya no 8 todavía

10 Respuesta libre.

11 Posibles respuestas: 1 Manuela ya no escribe a máquina, ahora escribe con el ordenador. **2** Ahora Roberto ya no juega con aviones, pero es piloto. **3** Meghan todavía lee muchos libros. **4** Lucía todavía juega al fútbol. Es una jugadora profesional.

12 1 F; 2 F; 3 V; 4 F; 5 V; 6 V; 7 F; 8 V.

13a Es necesario añadir coma en las frases 2, 4, 5 y 6 (**2** No, íbamos al pueblo todos los veranos. **4** No, éramos felices con lo que teníamos. **5** ¿Que si veíamos mucho la tele? No, escuchábamos la radio. **6** No, escribíamos más cartas y postales que ahora.)

13b Respuesta libre.

14 Argumentos a favor: b, c, e, g, i. **Argumentos en contra:** a, d, f, h.

C HISTORIA DEL TATUAJE

15 1 b; 2 b; 3 a; 4 b; 5 c; 6 a.

16 1 me lo lavo, me lo tiño, me lo peino, me lo corto 2 me la lavo, me la maquillo 3 me las quito, me las pongo, me las cambio, me las pruebo 4 me los hago, me los quito

17 1 b; 2 a; 3 a; 4 a; 5 b; 6 a.

18 1 Me puse un *piercing*; Me lo puse. 2 Eduardo les dijo la verdad; Eduardo se la dijo. 3 Les prepararon una sorpresa a sus padres; Se la prepararon a sus padres. 4 Le busqué un peluquero a mi amiga; Se lo busqué a mi amiga. 5 Te regalé los pendientes que querías; Te los regalé. 6 María nos dejaba los libros; María nos los dejaba. 7 Te compró la chaqueta; Te la compró. 8 Ayer le prestamos la bicicleta a Elena; Ayer se la prestamos a Elena. 9 Mi hermano me trajo muchas fotos viejas de la familia; Mi hermano me las trajo. 10 Mis amigas y yo nos hicimos el mismo tatuaje en el pie; Mis amigas y yo nos lo hicimos en el pie.

SOLUCIONES

19 1 c; 2 d; 3 e; 4 a; 5 b; 6 f.

EN ACCIÓN

20a Respuesta libre.

20b Respuesta libre.

20c Respuesta libre.

UNIDAD 9

A ¿SABÍAS QUE...?

1 **Posibles respuestas:** 1 la oreja / el oído 2 la boca / el labio 3 el diente / la muela 4 la lengua / la boca / el labio 5 el ojo 6 el brazo / el codo 7 las pestañas / el ojo / la ceja 8 la nariz 9 el hueso 10 la pierna / la rodilla 11 el pie 12 el dedo / la mano 13 el dedo / la mano 14 el dedo / la uña 15 la cabeza 16 la cara / la cabeza

2a 1 el ojo 2 el cuello 3 la lengua 4 las uñas 5 las pestañas 6 el corazón

2b **Posibles respuestas: La rodilla:** es el punto donde se conectan los huesos de la pierna. Nos permite doblar bien la pierna. Las personas que corren mucho suelen tener problemas ahí. **La nariz:** es un órgano que está en la cara. Con él, podemos oler y respirar.

3 1 hueso 2 dientes 3 uñas 4 de la orientación 5 olores 6 estornudando

4 **Posibles respuestas:** 1 boca, dientes, muelas, manos 2 cabeza, ojos 3 orejas, oídos 4 pies, piernas 5 dedos, manos, pies 6 boca, oreja, oído 7 ojos, oídos 8 cuello

5 1 los ojos 2 el gusto 3 las manos / la piel 4 el olfato 5 los oídos / las orejas

6 Respuesta libre.

7a 1 Las muelas son los dientes más grandes. 2 El olfato es el sentido más desarrollado en los perros. 3 Una parte del oído es el órgano más pequeño. 4 El cerebro es el órgano más importante. 5 El meñique es el dedo más corto. 6 Un hueso de la pierna es el hueso más largo.

7b Respuesta libre.

B ¡QUÉ MALA CARA!

8 1 enfermo 2 resfriado 3 masaje 4 estornudo

9a 1 d; 2 a; 3 f; 4 c; 5 b; 6 e.

9b **Posibles respuestas:** 1 Date una ducha fría. 2 Para eso va muy bien usar una pasta de dientes especial. 3 Lo mejor es tomarse una pastilla y dormir mucho. 4 Intenta hacer pausas.

10 **Posibles respuestas:** 1 Me duelen los pies. / Me duele la espalda. 2 Me duelen las manos / los dedos. 3 Me duele la espalda. 4 Me duele la cabeza. / Me duelen los oídos. 5 Me duelen las piernas / los pies. 6 Me duele el estómago.

11 1 a; 2 a; 3 b; 4 b; 5 b.

12 1 b; 2 g; 3 c; 4 h; 5 e; 6 a.

C SIÉNTETE BIEN

13 1 c; 2 a; 3 b; 4 b; 5 b; 6 a.

14 1 Voy a 2 acabo de 3 Estoy haciéndome 4 tiene que 5 He dejado de correr; he empezado a 6 dejó de; ha vuelto a

15 1 ha dejado de 2 ha empezado a 3 está 4 vuelve a / ha empezado a 5 va a 6 acaba de

16 **Posibles respuestas:** 1 Sofía ha dejado de preocuparse tanto por su aspecto físico. 2 El mes pasado tuve gripe y ahora vuelvo a estar enfermo. 3 Acabamos de ver a Fernando en la calle. 4 Están abriendo muchos centros de estética en la ciudad. 5 He empezado a comer fruta.

17a Ideas que aparecen en el texto: 1 (línea 1), 4 (líneas 6-14), 5 (línea 18), 7 (líneas 19-24), 8 (líneas 26-28), 10 (líneas 37-38), 11 (línea 42).

17b Respuesta libre.

17c Respuesta libre.

EN ACCIÓN

18 **Peluquería:** corte de pelo; recorte de barba; alisado japonés. **Centro de estética:** uñas de gel; manicura semipermanente; pedicura; depilación láser; extensión de pestañas. **Clínica dental:** limpieza dental; blanqueamiento. **Centro de fisioterapia:** masaje deportivo; reflexología podal. **Estudio de tatuaje:** eliminación de tatuajes; diseño de tatuajes.

19a **Posibles respuestas:** 1 a / h; 2 a / j; 3 e; 4 f; 5 d / i / l; 6 g; 7 b; 8 c / k.

19b Respuesta libre.

UNIDAD 10

A UN BUEN BARRIO

1 **Posibles respuestas: Los servicios públicos:** los colegios, el centro de salud, el hospital, la zona deportiva, la policía. **Las compras:** el supermercado, el centro comercial, la tienda especializada, el mercado, la frutería, la zapatería, la librería. **La oferta de ocio:** el museo, el teatro, el restaurante, el cine, el parque infantil, el parque de atracciones, la playa. **Los transportes:** los autobuses, el metro, el coche, el taxi, la estación de tren, el aeropuerto.

2 2 la facilidad 3 tranquilo/a 4 el peligro 5 antiguo/a 6 la necesidad 7 ruidoso/a

3a **Posibles respuestas:** 1 tranquilo, zonas verdes, parques infantiles, moderno, grandes supermercados, en las afueras, seguro 2 bien comunicado, en el centro, problemas de aparcamiento, histórico, ruidoso, tiendas especializadas 3 bien comunicado, en el centro, problemas de aparcamiento, moderno, ruidoso, dinámico

3b a 3; b 1; c 2.

3c Respuesta libre.

4 1 Está 2 es; hay 3 es; está 4 Hay 5 está; es 6 hay; está

5 1 Lo 2 la 3 lo 4 el 5 la 6 Lo 7 El 8 lo

SOLUCIONES

B ¿TIENES SAL?

8

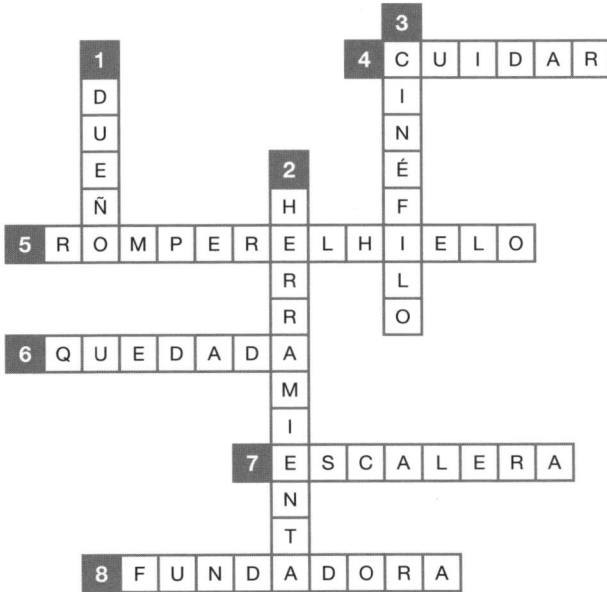

7 1 e; 2 f; 3 j; 4 c; 5 a; 6 d; 7 g.

8 1 prestarme 2 dado 3 dejarme 4 dejo 5 prestado

9a Posibles respuestas: 1 Oye, Aydin, perdona… ¿Me podrías dejar mañana tu coche media hora? Es que a las cinco llegan mis padres a la estación y justo tengo el coche en el taller… 2 Ay, ¿me das un pañuelo? ¡Me he olvidado de coger un paquete en casa! 3 Hola, Diego. Oye, ¿me puedes ayudar con una lámpara en casa? Es que no funciona y no sé por qué. 4 Nicole, ¿me pasas la sal (, por favor / "porfa")? 5 Oye, Lena, ¿te importa si hoy trabajo contigo? Es que he olvidado el libro en casa.

9b Respuesta libre.

10 Posibles respuestas: 1 Ay, pues no, no tengo. ¡Cuánto lo siento! 2 Sí, sí, por supuesto. Sin problema. 3 ¡Claro que no! Sin problema. Te las riego. 4 Bueno, vale… 5 Sí, claro… Toma, toma.

11a 1 Había muchas colillas en el patio. 2 Es poco higiénico para los niños que juegan, con la lluvia se filtran al subsuelo sustancias tóxicas y es poco agradable estéticamente. 3 Han colocado un cenicero en el patio. 4 Tienen que utilizar el cenicero.

11b Posible respuesta:

Estimados vecinos:

En algunos pisos del edificio se escucha música muy alta durante el día los fines de semana o incluso por la noche. Esto molesta a los otros vecinos porque no pueden disfrutar de su tranquilidad, escuchar su propia música o dormir.

Por estos motivos, por favor, escuchen su música con un volumen que no moleste a los demás.

Muchas gracias por su colaboración.

Muy atentamente,

La comunidad de vecinos.

C ¿ERES UNA PERSONA EDUCADA?

12 1 c; 2 e; 3 f; 4 h; 5 a; 6 d; 7 b; 8 g.

13a Posibles respuestas: Comportamientos de buena educación - BE (en España): 2, 6, 7, 9, 10, 12. **Comportamientos de mala educación - ME (en España):** 1, 3, 4, 5, 8, 11.

13b Respuesta libre.

14 1 c; 2 a; 3 c; 4 b; 5 a; 6 b; 7 c.

15a Jeremy: Alemania. **Susana:** Estados Unidos. **Kevin:** España. **Heike:** Japón. **Haruka:** Escocia.

15b Jeremy: 1 los 2 Ø 3 unos 4 los 5 el 6 los. **Susana:** 1 el 2 la 3 Ø 4 Ø 5 Ø 6 Ø 7 la 8 el 9 Ø 10 la. **Kevin:** 1 la 2 Ø 3 un 4 las 5 la 6 los 7 el 8 el. **Heike:** 1 Ø 2 la 3 el 4 Ø 5 la 6 los 7 las. **Haruka:** 1 los 2 Ø 3 la 4 Una 5 los 6 La.

16 1 el nuestro 2 el tuyo 3 los míos 4 la suya 5 la nuestra 6 las suyas 7 el mío 8 los tuyos; los míos

EN ACCIÓN

17 1 a; 2 c; 3 b; 4 c; 5 a; 6 b.

Primera edición, 2019
Cuarta edición, 2024

Produce: SGEL Libros
Avda. Valdelaparra, 29
28108 Alcobendas (Madrid)

DEDICATORIA DE LAS AUTORAS
A mi abuelo.

© Aída Rodríguez Martínez, Elvira Almuíña Viz, Sara Almuíña Viz
© SGEL Libros, S. L.
Avda. Valdelaparra, 29, 28108 Alcobendas (Madrid)

Director editorial: Javier Lahuerta
Coordinación editorial: Jaime Corpas
Edición: Yolanda Prieto
Corrección: Sensi Cuadrado

Diseño de cubierta e interior: Verónica Sosa
Fotografías de cubierta y portadillas: José Luis Santalla
Maquetación: Lanchuela

Ilustraciones: Pablo Torrecilla (págs. 27 y 70).
Fotografías: CORDON PRESS: pág. 40 foto de Rigoberta Menchú. AÍDA RODRÍGUEZ: pág. 15. SHUTTERSTOCK: resto de fotografías, de las cuales, solo para uso de contenido editorial: pág. 7 foto "a" (Stefano Ember / Shutterstock.com); pág. 17 foto del carro (Mikadun / Shutterstock.com) y del mercado (Tupungato / Shutterstock.com); pág. 19 fotos bicicletas (DrimaFilm / Shutterstock.com) y calle (IR Stone / Shutterstock.com); pág. 20 foto anticuario (Luca Lorenzelli / Shutterstock.com); pág. 32 texto C (Kagan Kaya / Shutterstock.com); pág. 53 foto 7 (Words / Shutterstock.com) y 8 (joyfull / Shutterstock.com); pág. 56 foto peatones (Víctor Torres / Shutterstock.com); pág. 62 (Elzbieta Sekowska / Shutterstock.com).

Para cumplir con la función educativa del libro, se han utilizado algunas imágenes procedentes de internet: pág. 48 logo Food Lovers y pág. 69 logo Fundación para la Diabetes.

Audio: CARGO MUSIC

ISBN: 978-84-16782-38-3

Depósito legal: M-30261-2019
Printed en Spain – Impreso en España
Impresión: Gómez Aparicio Grupo Gráfico

Cualquier forma de reproducción, distribución, comunicación pública o transformación de esta obra solo puede ser realizada con la autorización de sus titulares, salvo excepción prevista por la ley. Diríjase a CEDRO (Centro Español de Derechos Reprográficos) si necesita fotocopiar o escanear algún fragmento de esta obra (www.conlicencia.com; 91 702 19 70 / 93 272 04 47).